Die

Staatskonkurs-Aufgaben

für den

höheren Justiz- und Verwaltungsdienst

im Königreich Bayern.

Die Aufgaben im Jahre 1905.

Mit hoher ministerieller Genehmigung.

München 1906.
J. Schweitzer Verlag (Arthur Sellier).

Die

Staatskonkurs-Aufgaben

im Jahre

1905.

I. Aufgabe

aus dem bürgerlichen Rechte und dem Zivilprozeßrechte.

Der Stadtschreiber (Gemeindeschreiber) Rapp von Aberg, Amtsgerichts Felden, begab sich am 7. August 1905 vormittags 1/2 12 Uhr von seinem Amtszimmer im Rathause in die benachbarte Weinwirtschaft zur grünen Laube, um dort den Geburtstag seines Freundes Fuchs feiern zu helfen. Da die Dienststunden auf die Zeit von 8 bis 12 Uhr vormittags und von 2 bis 6 Uhr nachmittags festgesetzt waren, hätte Rapp zu seinem Weggange die Erlaubnis des Bürgermeisters erholen sollen. Weil aber der Bürgermeister gerade dienstlich abwesend war, ging Rapp ohne solche Erlaubnis und ohne im Rathause jemandem etwas davon zu sagen, ließ, um nicht aufzufallen, Hut und Stock im Amtszimmer zurück und machte den Weg zu seinem Ziele durch ein Hinterpförtchen und eine Seitengasse, den Kopf nur mit einer leichten Mütze bedeckt.

Nachmittags vor 2 Uhr begegnete Rapp auf dem Wege zum Dienste dem Bürgermeister und erbat und erhielt ohne weiteres die nachträgliche Genehmigung zu seinem Weggang am Vormittag. Als er dann sein Amtszimmer betrat, bemerkte er sofort, daß sein Stock, sein Hut und sein Arbeitsrock fehlten. Bei der Nachforschung ergab sich, daß diese Gegenstände höchstwahrscheinlich von einem Manne gestohlen worden waren, der im Hofe des Rathauses mit Holzspalten beschäftigt war. Dieser hatte am 7. August kurz nach acht Uhr früh bei dem Bürgermeister um Arbeit nachgesucht. Er hatte dabei Ausweispapiere vorgezeigt, nach denen er ein wandernder Schlossergeselle namens Scheu war, und war gegen einen

Stücklohn von 3 Mark für das Klafter zum Holzspalten im Hofe des Rathauses eingestellt worden. Als der zur Beaufsichtigung des Scheu berufene Gemeindediener Flink ebenfalls kurz vor zwölf Uhr in die Wirtschaft zur grünen Laube gegangen war, scheint Scheu die Gelegenheit benützt zu haben, ungesehen in das im Erdgeschosse befindliche Zimmer des Rapp einzudringen und zu stehlen. Ob Scheu vor oder nach zwölf Uhr den Diebstahl begangen hatte und ob er die Tür offen gefunden oder mit einem Dietrich geöffnet hatte, konnte nicht festgestellt werden, da man seiner nicht habhaft wurde, niemand ihn beobachtet hatte und Spuren sich weder am Schlosse noch sonstwo zeigten. Daß er aber den Diebstahl begangen hatte, war außer Zweifel, weil er verschwunden war, ohne auch nur den durch das Holzspalten verdienten Lohn zu holen. Der Schaden war nicht unbeträchtlich, denn der Hut war neu und hatte acht Mark gekostet, der Rock war, wenn schon getragen, doch zehn Mark wert und der Stock, ein altertümliches Stück mit großem, kunstreich geschnitztem Elfenbeingriffe, hatte einen Wert von mindestens siebzig Mark. Immerhin hätte Rapp diesen Verlust verschmerzt. Als er aber am 1. Oktober wegen erreichten 70. Lebensjahres auf Ansuchen mit Pension in den Ruhestand versetzt und hierbei nicht, wie er gehofft hatte, mit einem Ehrengeschenk ausgezeichnet wurde, erhob er aus Aerger darüber Ersatzansprüche an die Gemeinde. Der von ihm bestellte Rechtsanwalt forderte die Gemeinde auf, an seinen Auftraggeber 88 Mark zu zahlen und stützte den Anspruch auf folgende Ausführungen:

1. Rapp habe im Dienste der Stadt gestanden. Als Dienstherrin sei die Stadt verpflichtet gewesen, dafür zu sorgen, daß ihr Bediensteter nicht bei Ausübung des Dienstes Schaden leide, und den Schaden zu ersetzen, wenn er doch entstanden sei. Der Schaden wäre nicht eingetreten, wenn die Stadt zur Unterbringung der Sachen Rapps einen verschließbaren

Schrank zur Verfügung gestellt hätte. Darum habe auch Rapp wiederholt gebeten, aber erfolglos. Die Stadt habe also ihre Fürsorgepflicht verletzt und habe für den Schaden zu haften.

2. Die Stadt hafte aber auch deshalb, weil ihr Diener, der auch als Polizeiorgan verpflichtete Flink, durch Verletzung seiner Aufsichtspflicht den Schaden ermöglicht habe. Hätte er statt fortzugehen den Scheu beaufsichtigt und die Amtszimmer gehörig bewacht, so wäre der Schaden nicht eingetreten. Für die Folge der Amtspflichtverletzung des Flink hafte die Stadt an seiner Stelle.

3. Der Schlosser Scheu, den der Bürgermeister zum Holzspalten angestellt habe, sei hinsichtlich seiner Vertrauenswürdigkeit nicht erprobt gewesen. Die Papiere, die er vorgezeigt habe, hätten, selbst wenn sie echt gewesen wären, für ihn keine Bürgschaft geboten. Da ihn der Bürgermeister namens der Stadt zu Dienstverrichtungen für diese verwendet habe, so hafte die Stadt für den Schaden, den er dabei angerichtet.

Die Stadt lehnte zunächst schriftlich jede Haftung ab und führte aus:

1. Rapp sei nicht ihr Privatbediensteter sondern ihr öffentlicher Beamter gewesen. Sein Dienstverhältnis sei also nach öffentlichem Rechte zu beurteilen. Das öffentliche Recht enthalte keinen Satz, daß dem Beamten der im Dienst erlittene Schaden vom Dienstherrn zu ersetzen sei. Aber auch das bürgerliche Recht spreche nur davon, daß die dem Bediensteten zur Verfügung zu stellenden Räume Schutz für Leben und Gesundheit bieten müssen. Vom Schutze gegen Vermögensschaden sei nicht die Rede.

2. Flink sei als Gemeindediener nicht nur berufen, Polizeidienste — also öffentliche Dienste — zu leisten,

sondern auch das Vermögensinteresse der Gemeinde als juristischer Person zu wahren. Letzteres sei insbesondere seine Aufgabe gewesen bei der Ueberwachung des städtischen Holzhackers Scheu und bei der Bewachung des Rathausgebäudes. Wegen Verletzung der ihm in dieser Beziehung obliegenden Pflichten könne daher die Gemeinde nicht auf Grund der Beamtenhaftpflichtvorschriften herangezogen werden. Im übrigen sei Flink ein sehr verlässiger Mann, dessen Auswahl bei der Anstellung gewiß keinen Anlaß zur Beanstandung bilden könne. Jedenfalls aber könne der Schaden auf ein Verschulden Flinks dann nicht gestützt werden, wenn der Diebstahl nach 12 Uhr geschehen sei, denn um zwölf Uhr sei der Dienst des Flink zu Ende gewesen.

3. Aus der Einstellung des Scheu zum Holzhacken könne ein Haftanspruch gegen die Gemeinde nur dann abgeleitet werden, wenn diese den Scheu zum Holzhacken für Rapp eingestellt hätte. Die Einstellung sei aber zum Holzhacken für die Gemeinde selbst, nicht für Rapp erfolgt.

4. Die Gemeinde könne aber auch um deswillen für den Schaden nicht verantwortlich gemacht werden, weil den Rapp, wenn nicht die alleinige, doch gewiß die erste und größte Schuld selbst treffe. Solange nämlich Rapp nicht das Gegenteil beweise, müsse angenommen werden, daß er bei seinem Weggange das Zimmer nicht verschlossen habe und daß der Diebstahl vor 12 Uhr erfolgt sei. In diesem Falle sei der Schaden auf das pflichtwidrige, vorzeitige Weggehen Rapps zurückzuführen. Jedenfalls aber könne Rapp sich für seinen Ersatzanspruch nicht auf eine Pflichtwidrigkeit des Flink berufen, weil ihm selbst ganz die gleiche zur Last falle.

5. Rapp habe überhaupt keinen beachtenswerten Anlaß gehabt, Hut und Stock auf seinem Amtszimmer zu

lassen, er habe der Stadt nicht zumuten können, die aus solchem Anlasse zurückgelassenen Gegenstände zu verwahren, und könne auch deshalb von der Stadt keinen Ersatz verlangen. Abgesehen hiervon gehöre der Stock zu den Wertsachen, für die selbst der Gastwirt bei Einbringung durch den Gast nur dann hafte, wenn sie ihm besonders übergeben seien; für die Stadt könne aber doch nicht eine noch schärfere Haftung angenommen werden, als sie auf Grund der Ausnahmevorschrift für die Gastwirte bestehe.

6. Endlich treffe der Verlust des Stockes*) gar nicht das Vermögen des Rapp. Denn dieser habe den Stock an jenem Vormittage seinem Freunde Fuchs zum Geschenke gemacht und dazu versprochen, am unteren Teile des Griffs einen silbernen Ring mit einer Widmung anbringen zu lassen und ihn dann am nächsten Sonntage dem Fuchs feierlich zu überreichen. Fuchs habe, als er von dem Diebstahl gehört, dem Rapp erklärt, unter diesen Umständen betrachte er die Schenkung als erledigt und begehre nichts weiter. Rapp habe deshalb von dem Diebstahl des Stockes eher Nutzen als Schaden.

Rapps Anwalt erwiderte darauf, er bleibe auf dem Anspruch und dessen Begründung stehen und füge noch hinzu:

1. Eine Pflichtverletzung liege auf seiten des Rapp nicht vor. Rapp habe bei der Geringfügigkeit der Zeit zwischen seinem Weggange und dem Ablaufe der Geschäftszeit annehmen dürfen und auch angenommen, daß der Bürgermeister sein Verhalten nachträglich genehmigen werde. Das sei geschehen, und damit sei jede Dienstwidrigkeit beseitigt.
2. Das Vorbringen über die Schenkung des Stocks an Fuchs sei zwar richtig. Durch die nachträgliche Er-

*) Im Original steht hier infolge eines Druckfehlers „Rockes".

klärung des Fuchs sei aber die Sache auf den Stand der Zeit vor der Schenkung zurückgebracht.

3. Daß der Dieb zum Diebstahl die Zeit vor zwölf Uhr gewählt habe, sei unwahrscheinlich, weil er nach zwölf Uhr leichter hoffen konnte, unentdeckt zu bleiben. Daß der Diebstahl vor zwölf Uhr begangen worden sei, ferner daß Rapp abzuschließen unterlassen habe, werde bestritten. Beweisen müsse beides die Stadt, die es behaupte, um darauf die Aufstellung der Mitschuld des Rapp zu stützen.

Auf dieses Schreiben des Anwalts erbat sich der Bürgermeister von Aberg eine Bedenkzeit von acht Tagen und wendete sich mit der Bitte um ein Rechtsgutachten an einen Juristen. In dem Gutachten sollen folgende Fragen beantwortet werden:

1. Ist der Anspruch des Rapp berechtigt oder ganz oder teilweise unberechtigt? Aus welchen Gründen? Nach welchen Gesetzesvorschriften?
2. Sind die Rechtsausführungen der Beteiligten richtig oder ganz oder teilweise falsch? Sind sie, soweit sie richtig sind, geeignet, den Anspruch zu stützen oder zu entkräften? Aus welchen Gründen? Nach welchen Gesetzesvorschriften?
3. Kann die Stadt verlangen, daß vor der Verhandlung über den Rechtsstreit bei dem ordentlichen Gericht eine Vorentscheidung über einzelne Grundlagen des Klaganspruchs im Verwaltungsrechtswege getroffen werde?

Das verlangte Gutachten ist auszuarbeiten. Hierbei sollen alle tatsächlichen Behauptungen der streitenden Teile, die von der Gegenseite nicht widersprochen worden sind, als richtig angenommen werden.

II. Aufgabe

aus dem Bürgerlichen Rechte und dem Zivilprozeßrechte.

I.

Die Kaufleute Johann Arnold und Otto Bernhardi in Felden bildeten die offene Handelsgesellschaft Arnold und Cie. in Felden. In dem Gesellschaftsvertrage ist für den Fall des Todes eines der Gesellschafter bestimmt, daß die Gesellschaft mit dessen Erben fortgesetzt werden, die Geschäftsführung jedoch dem überlebenden Gesellschafter ausschließlich zustehen soll.

Am 1. April 1905 starb Johann Arnold mit Hinterlassung seiner Witwe Maria und zweier volljähriger Söhne Hugo und Erwin. Am 8. April wurde das am 1. Februar 1904 errichtete Testament des Johann Arnold eröffnet; in ihm war die Witwe zum Erben und Hugo Arnold zum Nacherben eingesetzt. Dem Erwin Arnold war ein Vermächtnis zugewendet.

Am 9. April begab sich Frau Arnold in das Geschäftslokal der Firma Arnold und Cie. Bernhardi war verreist. Sie traf im Geschäfte den Buchhalter Federle und den Fabrikanten Süß. Süß verlangte die Bezahlung einer seit dem 1. Januar 1905 fälligen Warenschuld von 900 Mark oder die Ausstellung eines Zweimonatsakzepts über 1000 Mark. Auf den Rat des Federle erklärte sich Frau Arnold bereit einen Wechsel über einen die Schuld um 100 Mark übersteigenden Betrag zu akzeptieren. Sie bemerkte zwar, daß sie nach dem Gesellschaftsvertrage zur Geschäftsführung nicht berechtigt sei, Süß erwiderte jedoch, das gehe ihn nichts an, das möge sie mit Bernhardi ausmachen. Süß füllte dann ein Wechselformular aus, indem er als Wechselsumme den Betrag von 1000 Mark, als Zahlungszeit den 1. Juli 1905 und als Trassaten die Firma Arnold und Cie. einsetzte. Frau Arnold schrieb auf den Wechsel „Angenommen Arnold und Cie. in Felden“.

Als Bernhardi zurückkehrte, machte er Frau Arnold wegen der Unterzeichnung des Wechsels so heftige Vorwürfe, daß Frau Arnold einsah, sie könne mit Bernhardi nicht zu Recht kommen. Sie erklärte ihm deshalb, daß sie in der Gesellschaft nur als Kommanditist verbleiben wolle. Bernhardi war hiemit einverstanden, ersuchte sie aber, die Einlage ihres Mannes zu erhöhen. Schließlich kamen sie zu Urkunde des Notars Schmidt in Felden vom 1. Juni 1905 dahin überein, daß Frau Arnold Kommanditist sein und neben der im Geschäfte zu belassenden Einlage ihres Mannes weitere 3000 Mark in die Gesellschaft einlegen solle. Diese 3000 Mark zahlte Frau Arnold dem Bernhardi. Auf dessen Anmeldung wurde die Aenderung des Gesellschaftsverhältnisses am 3. Juni in das Handelsregister eingetragen.

Am 1. Juli starb Frau Arnold. Sie hinterließ keine Verfügung von Todes wegen. Ihre gesetzlichen Erben waren Hugo und Erwin Arnold. Ersterer schlug die Erbschaft der Mutter aus, letzterer nahm sie an.

Am 2. Juli präsentierte Süß den Wechsel der Firma Arnold und Cie. zur Zahlung. Bernhardi lehnte die Zahlung ab.

Am 12. Juli wurde über das Vermögen der Firma Arnold und Cie. auf Antrag des Kaufmanns Kugler, dem die Firma Arnold und Cie. für Waren auf Grund eines am 4. Mai 1905 geschlossenen Kaufvertrags seit 31. dess. Mts. 500 Mark und auf Grund eines am 7. Juni 1905 geschlossenen Kaufvertrags seit 10. Juli 600 Mark schuldete, der Konkurs eröffnet.

1. Kann Süß von Hugo oder von Erwin Arnold die Bezahlung der Wechselsumme zu 1000 Mark verlangen? Kann der Verwalter im Konkurse der Firma Arnold und Cie. die Anmeldung der Wechselforderung des Süß zu 1000 Mark mit Grund bestreiten?

2. Kann Kugler von Hugo oder von Erwin Arnold die Bezahlung der 500 Mark oder der 600 Mark fordern?

II.

Die 18 Jahre alte ledige Tochter Marie des Buchbinders Demuth in Felden, ein sehr hübsches Mädchen, wurde im Frühjahre 1904 von ihrem Vetter Gottfried Halm, der in Felden ein photographisches Geschäft beginnen wollte, ersucht, sich von ihm photographieren zu lassen. Mit Erlaubnis ihrer Eltern ging sie auf die Bitte Halm's ein. Halm nahm ein lebensgroßes Brustbild auf und stellte die Photographie in seinem Auslagefenster aus.

Bald hernach kam der Bildhauer Joseph Meisler von München auf einer Ferienreise nach Felden. Er sah die Photographie der Marie Demuth im Auslagefenster des Halm und war von dem Bilde so gefesselt, daß er mit seinem Amateurapparat heimlich eine photographische Aufnahme davon machte. Wen das Bild darstelle, wußte er nicht, er erkundigte sich auch gar nicht danach.

Nach München zurückgekehrt, fertigte er im Laufe des Winters eine Marmorgruppe: „Mutterglück". Die Gruppe stellte eine am Boden sitzende junge Frau dar, die ein Kind an ihrer Brust trinken ließ. Den Kopf der Frauengestalt hatte er nach der Photographie der Marie Demuth gebildet. Der Kopf trug unverkennbar deren Züge. Im Frühjahr 1905 stellte Meisler die Gruppe auf der Kunstausstellung in München aus. Die Gruppe erregte allgemeine Bewunderung und wurde mit dem I. Preise ausgezeichnet. Meisler übertrug dem Kunstanstaltsbesitzer Hanf in München gegen Bezahlung das Recht, die Gruppe auf photographischem Wege zu vervielfältigen und die Photographien zu verbreiten; in dem Vertrage war bestimmt, daß sich Meisler die Vervielfältigung und Verbreitung des Werkes auf anderem Wege vorbehalte. Die Photographien, die Hanf von der Gruppe herstellte, waren in allen Kunsthandlungen Münchens zu kaufen.

1. Im Oktober erschien in der von dem Verleger Spaun in Leipzig herausgegebenen Zeitschrift „Der Sonntag“ eine Abbildung der Gruppe des Meisler, die mit Benützung einer der Photographien des Hanf im Wege des Steindrucks hergestellt war. Weder Meisler noch Hanf hatte dem Spaun erlaubt, von der Gruppe eine Abbildung zu bringen.

Kann Meisler oder kann Hanf im Wege des bürgerlichen Rechtsstreits gegen Spaun vorgehen, unter der Begründung, daß Spaun mit Benützung der Photographie des Hanf ohne dessen oder des Meisler Erlaubnis die Abbildung habe erscheinen lassen? Worauf kann die Klage gerichtet werden, wenn feststeht, daß Spaun der Meinung war, er dürfe ein auf einer öffentlichen Kunstausstellung ausgestelltes Werk ohne weiteres in seiner Zeitschrift vervielfältigen?

2. Der Buchbinder Peter Leim in Felden, der mit der Familie des Demuth verfeindet ist, sah in der Kunstausstellung die Gruppe des Meisler. Er erkannte sofort, daß die Frauengestalt die Züge der Marie Demuth trage. Um die Familie Demuth zu kränken, kaufte er einige Photographien der Gruppe und schickte sie anonym an Bekannte in Felden. Dem Buchbinder Demuth selbst schickte er anonym eine Photographie mit der Unterschrift „Herzlichen Glückwunsch zum Großvater“.

Begreiflicher Weise erregte dies in Felden großes Aufsehen.

Kann Marie Demuth, deren Ruf tadellos ist, oder ihr Vater oder Halm im Wege des bürgerlichen Rechtsstreits gegen Meisler oder Hanf vorgehen, unter der Begründung, daß der Kopf der Frauengestalt der Gruppe nach einer Photographie der Marie Demuth gebildet sei? Worauf kann die Klage, wenn eine solche zulässig ist, gerichtet werden?

Die Antworten sind zu begründen.

III. Aufgabe

aus dem Bürgerlichen Rechte und dem Zivilprozeßrechte.

I.

In das Grundbuch für Stein Bd. 3 Bl. 175 wurden am 1. März 1901 als Eigentümer des Grundstücks

PlNr. 21 Wohnhaus zu 0,017 ha

eingetragen:

Huber Georg, Kaufmann in Stein, Miteigentümer zu $^2/_3$ und

Huber Fritz, Rentner in Stein, Miteigentümer zu $^1/_3$.

In die dritte Abteilung des Blattes wurden am 1. Oktober 1901 eingetragen:

1/I Hypothek zu 8000 Mark für Karl Berger an dem $^2/_3$ Anteile des Georg Huber und

2 II Hypothek ohne Brief an dem ganzen Grundstücke für 7000 Mark Darlehensforderung des Händlers Joseph Weiß in Stein.

Georg Huber kaufte am 28. Mai 1902 den $^1/_3$ Anteil des Fritz Huber an PlNr. 21 und bestellte hierbei an diesem Anteil eine Hypothek ohne Brief für 3000 Mark Kaufpreisrestforderung des Fritz Huber. Die notarielle Urkunde über den Kaufvertrag samt Auflassung und Hypothekbestellung ging am 1. Juni 1902 bei dem Grundbuchamt ein und wurde am gleichen Tage in der Weise vollzogen, daß der Grundbuchbeamte die Eigentumsänderung in die erste Abteilung und hierauf die Hypothek zu 3000 Mark an dem von Georg Huber neu erworbenen $^1/_3$ Anteil unter Nr. 3/III in die dritte Abteilung eintrug.

Fritz Huber starb am 8. November 1902. In seinem Testamente vom 1. Juli 1902 hatte er den Georg Huber als einzigen Erben eingesetzt und bestimmt, daß der Architekt Karl Schnell die im Grundbuche für Stein Bd. 3 Bl. 175 Abt. III Nr. 3/III eingetragene Hypothekenforderung zu 3000 Mark als Vermächtnis erhalten soll.

Georg Huber trat infolgedessen die Hypothek an Karl Schnell ab und beantragte am 12. März 1903 zu Protokoll des Grundbuchamts die Eintragung des Karl Schnell als des neuen Gläubigers. Die Eintragung in das Grundbuch erfolgte am gleichen Tage.

Am 1. Juli 1903 starb Georg Huber. Sein gesamter Nachlaß ging auf seinen Sohn Otto Huber als einzigen Erben über. Die Eintragung des Erben als Eigentümers der PlNr. 21 in das Grundbuch unterblieb zunächst.

II.

Otto Huber, der Sohn des Georg Huber, betrieb mit dem Kaufmanne Franz Reich unter der Firma „O. Huber & Cie." eine offene Handelsgesellschaft. Für die zum Gesellschaftsvermögen gehörenden Grundstücke

PlNr. 12 Fabrikgebäude zu 0,037 ha
PlNr. 13 Lagerplatz zu 0,087 ha

war im Verfahren zur Anlegung des Grundbuches am 1. Juli 1900 ein gemeinschaftliches Grundbuchblatt im Grundbuche für Stein Bd. 4 Bl. 205 angelegt worden. In der ersten Abteilung wurden dabei als Eigentümer eingetragen:

„Huber Otto Kaufmann in Stein und Reich Franz Kaufmann in Stein in offener Handelsgesellschaft."

Auf Grund eines gegen die offene Handelsgesellschaft O. Huber & Cie. vollstreckbaren Urteils erfolgte am 12. April 1902 in der dritten Abteilung dieses Blattes unter Nr. 1/I die Eintragung einer

„Sicherungshypothek auf Grund Urteils des Landgerichts Stein B 7/02 für 4000 Mark Wechselforderung des Händlers Richard Seif in Stein."

Diese Hypothekenforderung wurde durch Beschluß des Amtsgerichts Stein vom 1. November 1902 für den

Agenten Felix Müller gepfändet. Die Pfändung wurde am 7. November 1902 in das Grundbuch eingetragen.

Durch das Urteil des Landgerichts Stein vom 2. Oktober 1903 A $9/_{03}$ wurde der Gesellschafter Otto Huber für berechtigt erklärt, das Geschäft der offenen Handelsgesellschaft O. Huber & Cie. ohne Liquidation mit den Aktiven und Passiven zu übernehmen. Das Urteil ist am 14. Dezember 1903 rechtskräftig geworden. Otto Huber führte von diesem Tage an das Geschäft allein weiter.

III.

Am 1. Mai 1904 wurden das Fabrikgebäude PlNr. 12 und das daneben gelegene Wohnhaus PlNr. 21 durch Feuer zerstört. Otto Huber erbaute daraufhin auf den Grundflächen der PlNr. 12 und 21 eine große Maschinenhalle. Nach der Vollendung des Neubaues wurden die PlNr. 12 und 21 vermessen in

PlNr. 12 Maschinenhalle zu 0,054 ha.

Der geprüfte Auszug aus dem Messungsverzeichnis Nr. $97/_{05}$, in dem diese Vermessung ausgewiesen ist, wurde dem Grundbuchamt am 20. November 1905 vom Rentamt übersendet. Der Grundbuchbeamte vermerkte die Vermessung im Sachregister und lud den Otto Huber auf den 9. Dezember zur mündlichen Besprechung der Maßnahmen zur Beseitigung der bestehenden Eintragungshindernisse vor. Inzwischen gingen am 29. und 30. November 1905 bei dem Amtsgerichte die folgenden schriftlichen Anträge ein:

1. Der Fabrikant Karl Eisen in Stein legte ein gegen Otto Huber vollstreckbares Urteil des Landgerichts Stein samt dem erforderlichen Zustellungsnachweis vor und beantragte die Eintragung einer Zwangshypothek an PlNr. 21 für die ihm auf Grund des Urteils gegen Otto Huber zustehende Forderung zu 2000 Mark.

Der Antrag ging bei dem Grundbuchamt am 29. November vormittags 9 Uhr ein.

2. Otto Huber legte einen Erbschein des Amtsgerichts Stein vom 5. April 1904 vor, inhaltlich dessen er alleiniger Erbe seines Vaters Georg Huber geworden ist, ferner eine mit dem Zeugnisse der Rechtskraft versehene Ausfertigung des Urteils des Landgerichts Stein vom 2. Oktober 1903 A $9/_{03}$ (vgl. oben Nr. II. letzter Absatz) und beantragte in einer notariell beglaubigten Urkunde:

a) die Berichtigung des Grundbuchs für Stein dahin, daß er in Bd. 3 Bl. 175 und in Bd. 4 Bl. 205 als Eigentümer der Grundstücke PlNr. 12, 13 21 eingetragen werde,

b) die Löschung der im Grundbuche für Stein Bd. 3 Bl. 175 Abt. III Nr. 3/III eingetragenen Hypothek zu 3000 M., weil die Bestellung der Hypothek an einem Bruchteile des Grundstückes unzulässig gewesen sei,

c) die Löschung der im Grundbuche für Stein Bd. 4 Bl. 205 Abt. III Nr. 1/I eingetragenen Zwangshypothek zu 4000 Mark, weil diese Hypothek nicht als Gesamthypothek an zwei Grundstücken hätte eingetragen werden dürfen,

d) die Eintragung einer Eigentümergrundschuld zu 6000 Mark an PlNr. 21.

Der Antrag ging bei dem Grundbuchamt am 29. November vormittags 10 Uhr ein.

3. Der Händler Joseph Weiß legte eine gegen Otto Huber vollstreckbare Ausfertigung des Urteils des Landgerichts Stein vom 5. Oktober 1905 vor, in dem dieser verurteilt ist, dem Joseph Weiß die im Grundbuche für Stein Bd. 3 Bl. 175 Abt. III Nr. 2/II eingetragene Hypothekenschuld zu 7000 Mark zu zahlen und hierwegen die Zwangsvollstreckung in das verpfändete Grundstück PlNr. 21 geschehen zu lassen. Ferner legte er den

Nachweis über die Zustellung dieses Urteils samt Vollstreckungsklausel an Otto Huber vor und beantragte unter Bezugnahme auf das Grundbuch für Stein Bd. 3 Bl. 175 wegen der ihm gegen den Eigentümer Otto Huber zustehenden, in Abt. III Nr. 2/II des Blattes eingetragenen Hypothekenforderung zu 7000 Mark die Anordnung der Zwangsversteigerung des Grundstücks PlNr. 21.

Der Antrag ging bei dem Amtsgericht am 30. November nachmittags 3 Uhr ein.

Das Grundbuchamt erledigte die Anträge Nr. 1 und 2 am 29. November nachmittags in der folgenden Weise und Reihenfolge:

Zu 1. Dem Karl Eisen wurde zur Vorlegung des grundbuchmäßigen Nachweises, daß der Schuldner Otto Huber Eigentümer der PlNr. 21 geworden ist, eine Frist von 14 Tagen bestimmt; sodann wurde zur Sicherung des Anspruchs des Karl Eisen auf Eintragung der Zwangshypothek zu 2000 Mark eine Vormerkung in Bd. 3 Bl. 175 Abt. III eingetragen.

Zu 2. Das Grundbuch für Stein wurde in Bd. 3 Bl. 175 Abt. I und in Bd. 4 Bl. 205 Abt. I durch Eintragung des Otto Huber als Eigentümers der PlNr. 12, 13, 21 berichtigt. Im Anschlusse hieran wurde in Bd. 3 Bl. 175 Abt. III die beantragte Eigentümergrundschuld zu 6000 Mark eingetragen. Dagegen wurden die Anträge des Otto Huber auf Löschung der oben in Nr. 2b, c bezeichneten Hypotheken abgelehnt.

Am 30. November lehnte ferner das Amtsgericht Stein als Vollstreckungsgericht den Antrag auf Anordnung der Zwangsversteigerung der PlNr. 21 ab, weil auf Grund des bei dem Grundbuchamte vorliegenden Auszugs aus dem Messungsverzeichnis Nr. 97/05 amtsbekannt sei, daß die PlNr. 21 als selbständiges Grundstück nicht mehr bestehe.

Sind die Entscheidungen des Grundbuchamts und des Vollstreckungsgerichts richtig oder wie wäre zu entscheiden gewesen?

Was kann Joseph Weiß tun, um wegen seiner Hypothekenforderung zu 7000 Mark seine Befriedigung aus der neu erbauten Maschinenhalle PlNr. 12 zu erreichen?

Die Antworten sind zu begründen. Dabei ist davon auszugehen, daß das Grundbuch für den Bezirk des Amtsgerichts Stein seit 1. Januar 1901 als angelegt anzusehen ist.

IV. Aufgabe
aus dem Bürgerlichen Rechte und dem Zivilprozeßrechte.

Die ledige Anna Mitter gebar am 1. Mai 1904 Zwillinge männlichen Geschlechts, die die Namen Adam und Karl erhielten. Adam Mitter wurde bei dem einen Bruder der Mutter, Adolf Mitter, Karl Mitter bei dem anderen Bruder, Konrad Mitter, untergebracht; Adolf Mitter wurde als Vormund für Adam Mitter, Konrad Mitter als Vormund für Karl Mitter bestellt.

Als Vater der Kinder bezeichnete Anna Mitter den ledigen Jakob Vetter. Sie erhob am 20. Juni 1904 beim zuständigen Amtsgerichte Klage gegen ihn auf Zahlung der (der Summe nach näher angegebenen) Kosten der Entbindung und des Unterhalts für die erste Zeit nach der Entbindung und begründete die Klage damit, daß Jakob Vetter der Vater der von ihr am 1. Mai 1904 geborenen Kinder sei. Am 10. Juli 1904 fand die mündliche Verhandlung statt. Der Beklagte bestritt, der Klägerin innerhalb der Empfängniszeit beigewohnt zu haben; die Klägerin schob ihm darüber den Eid zu; er schob den Eid zurück. Die Parteien waren über die Erheblichkeit und die Norm des Eides einverstanden; das Gericht ordnete durch Beweisbeschluß an, daß die Klägerin den ihr zurückgeschobenen Eid zu leisten habe, und bestimmte zur Eidesleistung den Termin vom 1. Oktober 1904.

Auch die Vormünder der beiden Kinder erhoben namens ihrer Mündel am 1. August 1904 bei dem nämlichen Amtsgerichte gemeinschaftlich Klage gegen Jakob Vetter auf Anerkennung der Vaterschaft und Zahlung eines angemessenen (der Summe nach näher angegebenen) Unterhalts, mit der Begründung, Jakob Vetter habe der Mutter der Kinder innerhalb der Empfängniszeit beigewohnt. Ueber die Klage wurde am 16. September 1905 mündlich verhandelt; der Beklagte bestritt die Beiwohnung innerhalb der Empfängniszeit. Die Vormünder schoben ihm den Eid darüber zu; er behielt sich jedoch mit Einwilligung der Vormünder seine Erklärung über die Annahme oder die Zurückschiebung des Eides bis zur Beendigung des von der Anna Mitter gegen ihn erhobenen Rechtsstreits vor. Das Gericht ordnete sodann die Verbindung des Rechtsstreits mit dem Rechtsstreit zwischen Anna Mitter und dem Beklagten an und vertagte die Verhandlung ebenfalls auf den 1. Oktober 1904. Das diesen Verbindungsbeschluß enthaltende Protokoll wurde der Anna Mitter alsbald von Amts wegen zugestellt.

Im Termine vom 1. Oktober 1904 erklärte Anna Mitter, daß sie den ihr durch den Beweisbeschluß auferlegten Eid nicht schwören wolle. Der Beklagte beantragte nun, die Klagen der Anna Mitter und der Kinder abzuweisen; die Vormünder schoben dem Beklagten wiederholt den Eid darüber zu, daß er der Anna Mitter innerhalb der Empfängniszeit beigewohnt habe; der Beklagte erklärte, diese Eideszuschiebung sei bei der nunmehrigen Lage der Sache unzulässig. Das Gericht wies durch sofort verkündetes Urteil die Klagen der Anna Mitter und der Kinder Adam und Karl Mitter kostenfällig ab. Den Grund für diese Entscheidung bildete einzig und allein die Annahme, daß die Kinder nach der Prozeßlage die Eidesverweigerung ihrer Mutter gegen sich gelten lassen müßten.

Gegen dieses Urteil legten die beiden Vormünder namens ihrer Mündel rechtzeitig und in gehöriger Form die Berufung ein. Noch vor dem zur Verhandlung über die Berufung bestimmten Termine vom 1. Dezember 1904 nahm der Vormund des Kindes Adam Mitter die Berufung in gehöriger Form zurück.

Im Termine vom 1. Dezember 1904 beantragte der Prozeßbevollmächtigte des Kindes Karl Mitter, das Urteil des Amtsgerichts, soweit dadurch die Klage des Karl Mitter abgewiesen wurde, aufzuheben und den Beklagten nach dem Klagantrag zu verurteilen; er schob dem Beklagten den Eid darüber zu, daß er der Anna Mitter innerhalb der Empfängniszeit beigewohnt habe. Der Prozeßbevollmächtigte des Beklagten beantragte die kostenfällige Zurückweisung der Berufung und erklärte, auf die Eideszuschiebung komme es nicht mehr an, sie sei unzulässig, auf alle Fälle aber schiebe der Beklagte den Eid zurück. Das Landgericht hob durch sofort verkündetes Urteil das Urteil des Amtsgerichts, soweit es die Klagen der beiden Kinder abgewiesen hatte, auf und verurteilte den Beklagten, die Vaterschaft zu den Kindern Adam Mitter und Karl Mitter anzuerkennen und ihnen die verlangten Unterhaltsbeiträge zu zahlen, sowie die auf die Klage der beiden Kinder erwachsenen Kosten zu tragen.

Der Vormund des Kindes Adam Mitter hatte alsbald nach der Zurücknahme der Berufung namens dieses Kindes bei dem nämlichen Amtsgerichte Klage gegen den in Amerika sich aufhaltenden ledigen Pius Zweier auf Anerkennung der Vaterschaft und Zahlung des angemessenen (der Summe nach näher angegebenen) Unterhalts mit der Behauptung erhoben, Pius Zweier habe der Anna Mitter innerhalb der Empfängniszeit beigewohnt. In dem zur mündlichen Verhandlung bestimmten Termine vom 1. März 1905 wies der Vormund nach, daß die Klage dem Pius Zweier rechtzeitig zugestellt worden war und beantragte die Erlassung eines Versäumnisurteils gegen ihn. Er nahm dabei Bezug auf ein von dem Beklagten unmittelbar an das Gericht gesendetes Schreiben des Inhalts, er habe die Klage erhalten, er kümmere sich um die Sache nicht, ihm sei es gleichgültig, welche Entscheidung gefällt werde. Das Amtsgericht wies mit Rücksicht auf das Urteil des Landgerichts vom 1. Dezember 1904 die Klage sofort kostenfällig ab.

Sind die Urteile des Amtsgerichts vom 1. Oktober 1904, des Landgerichts vom 1. Dezember 1904 und des Amtsgerichts vom 1. März 1905 richtig?

Die Antworten sind zu begründen.

V. Aufgabe

aus dem Bürgerlichen Rechte und dem Zivilprozeßrechte.

Der Kaufmann Aigner in Augsburg und der Kaufmann Brunner in Würzburg vereinbarten im Januar 1905, daß jeder von ihnen Wechsel in beliebiger Höhe auf den anderen ziehen dürfe; die Wechsel sollten von dem Bezogenen akzeptiert und eingelöst werden; jeder dürfe die von ihm auf den anderen gezogenen Wechsel begeben und die hierauf bezahlte Valuta behalten; was sie sich auf diese Weise verschafften, solle zwischen ihnen auf Grund einer jährlich stattfindenden Abrechnung gleichheitlich geteilt werden. Einige Zeit später vereinbarten sie, sich gegenseitig Blankoakzepte auszuhändigen. Aigner gab deshalb von ihm akzeptierte Blankowechsel dem Brunner und dieser gab von ihm akzeptierte Blankowechsel dem Aigner.

Aigner, der dem Kaufmann Crüger in Bamberg für Waren den Betrag von 300 Mark schuldete, übersandte ihm im Februar 1905 unter Ausfüllung eines der Blankoakzepte des Brunner einen von ihm auf Brunner gezogenen, von diesem angenommenen und an die Order des Crüger gestellten Wechsel über 300 Mark, zahlbar am 1. Mai 1905.

Im März 1905 zog Brunner unter Benutzung der Blankoakzepte des Aigner auf diesen drei Wechsel über je 3000 Mark, zahlbar am 1. August 1905.

Am 26. April 1905 erhielt Crüger einen Brief des Aigner, worin ihm dieser mitteilte, es wäre ihm lieb, wenn Crüger den am 1. Mai fälligen Wechsel prolongiere; zu diesem Zwecke lege er einen von Brunner, der ihm aus Warenlieferungen größere Summen schulde und jetzt nicht gedrängt werden dürfe, angenommenen Blankowechsel bei; wenn Crüger ihm noch um weitere 300 Mark Waren liefere, dürfe er den Wechsel auf 600 Mark ausfüllen; der Wechsel solle am 15. August 1905 zahlbar sein. Dem Briefe lag eines der Blankoakzepte des Brunner bei.

Crüger erwiderte, er sei mit der Prolongation einverstanden und werde die Waren senden. Den am 1. Mai fälligen Wechsel habe er noch nicht begeben. Er lieferte sodann dem Aigner die Waren und füllte das Blankoakzept in der Weise aus, daß er den Brunner als Bezogenen, den Betrag von 600 Mark als Wechselsumme, sich als Aussteller und Remittenten und den 15. August als Zahlungstag einsetzte; zugleich fügte er unter den Namen und die Angabe des Wohnorts des Bezogenen die Worte „zahlbar bei der K. Filialbank in Bamberg“ bei. Hierauf begab er den Wechsel an den Kaufmann Daniel weiter.

Im Juni 1905 wurde Aigner von dem mit ihm verwandten Kaufmann Feyertag ersucht, ihm Geld zu leihen. Aigner erklärte sich zur Hergabe von Bargeld außer stande, er sei jedoch bereit, durch Ziehung und Begebung von Wechseln dem Feyertag Kredit zu verschaffen. Da Feyertag hiermit einverstanden war, übergab ihm Aigner eines der Blankoakzepte des Brunner zur beliebigen Ausfüllung. Feyertag bot das Akzept dem Kaufmann Ernst in Regensburg, dem er 700 Mark für Waren schuldete, mit dem Bemerken an, daß Ernst den Wechsel, abgesehen von der Wechselsumme, als welche 700 Mark einzusetzen seien, nach Gutdünken ausfüllen dürfe. Ernst erklärte sich hiemit zufrieden.

Die von Brunner auf Aigner gezogenen Wechsel wurden dem Aigner am 1. August zur Zahlung präsentiert, von ihm jedoch nicht bezahlt, weshalb sie Brunner im Regreßwege einlöste.

Mit Rücksicht hierauf verweigerte Brunner, als ihm am 16. August Daniel den Wechsel über 600 Mark zur Zahlung präsentierte, gleichfalls die Zahlung. Daniel ließ die Zahlungsweigerung des Brunner am gleichen Tage durch Protest feststellen.

Am 9. September wurde über das Vermögen des Aigner, am 12. September wurde über das Vermögen des Brunner der Konkurs eröffnet.

Im Konkurse des Aigner meldete der Verwalter im Konkurse des Brunner als Konkursforderung den Betrag von 9000 Mark an, den Aigner aus den von ihm akzeptierten, von Brunner eingelösten drei Wechseln schulde.

Crüger meldete im Konkurse des Brunner als Konkursforderung den Betrag von 300 Mark mit folgender Begründung an: Aigner sei ihm aus Warenlieferungen 900 Mark schuldig geworden; er (Crüger) habe zwar hierfür einen Wechsel über 600 Mark erhalten, allein da sich der Akzeptant dieses Wechsels (Brunner) im Konkurse befinde, werde er (Crüger) vermutlich für den im Konkurse des Brunner nicht zum Zuge kommenden Betrag im Regreßwege einstehen müssen; um sich für diesen Betrag sowie für den durch den Wechsel über 600 Mark nicht gedeckten Rest seiner Warenforderung zu decken, behalte er den von Brunner akzeptierten, am 1. Mai 1905 zahlbar gewesenen Wechsel über 300 Mark zurück; auf Grund seines Zurückbehaltungsrechts sei er berechtigt, die Wechselforderung als Konkursforderung anzumelden.

Zugleich meldete Crüger im Konkurse des Aigner 900 Mark als Forderung für gelieferte Waren an.

Daniel meldete im Konkurse des Brunner als Konkursforderung 600 Mark aus dem von Brunner akzeptierten Wechsel an. Auf die Anfrage des Konkursverwalters, warum der Wechsel nicht bei der Filialbank in Bamberg zur Zahlung präsentiert worden sei, erwiderte Daniel, er habe Präsentation und Protestation bei der Filialbank unterlassen, weil er nach Erwerb des Wechsels erfahren habe, daß es sich um einen Blankowechsel handle; ein Blankowechsel dürfe bekanntlich nicht domiliziert werden.

Ernst meldete im Konkurse des Brunner 400 Mark mit folgender Begründung an: Er schulde der Konkursmasse des Brunner aus einem mit diesem im Juni 1905 abgeschlossenen Kaufe 300 Mark, die am 15. Oktober 1905 fällig seien. Brunner schulde ihm aus dem Akzepte, das er (Ernst) von Feyertag erhalten und entsprechend ausgefüllt habe, seit dem 25. September 1905, das ist dem Tage, den er als Zahlungstag in den Wechsel eingesetzt habe, 700 Mark. Mit dieser Forderung rechne er gegen seine Schuld auf. Auf die Anfrage des Konkursverwalters, wann er das Blankett ausgefüllt habe, entgegnete er, er habe es erst nach der Konkurseröffnung ausgefüllt, als Tag der Ausstellung des Wechsels habe er allerdings einen vor diesem Zeitpunkte liegenden Tag im Wechsel bezeichnet.

Nachdem der Verwalter im Konkurse des Brunner von der zwischen diesem und Aigner im Januar 1905 getroffenen Vereinbarung Kenntnis erlangt hatte, meldete er im Konkurse des Aigner weitere 1600 Mark als Konkursforderung an, nämlich den Betrag von 700 Mark, den Ernst, den Betrag von 300 Mark, den Crüger und den

Betrag von 600 Mark, den Daniel aus den von Brunner in blanco akzeptierten Wechseln in Anspruch nehmen.

Können der Verwalter im Konkurse des Aigner und der Verwalter im Konkurse des Brunner die angeführten Forderungsanmeldungen mit Grund bestreiten?

Die Antworten sind zu begründen. Soweit in der Aufgabe tatsächliche Angaben enthalten sind, sind sie als feststehend anzunehmen. Zugleich ist davon auszugehen, daß von der zwischen Aigner und Brunner bezüglich der Blankowechsel getroffenen Abrede die übrigen Beteiligten keine Kenntnis hatten.

I. Aufgabe
aus dem Strafrecht und Strafprozeßrechte.

I.

Der Bauer Michael Gruber von Feldkirchen hielt am 11. April 1905 in der bayerischen Stadt Blumau auf dem Pferdemarkt eine Stute feil. Der Pferdehändlerssohn Johann Alt, der seit dem 1. Oktober 1904 zur Erfüllung der gesetzlichen Dienstpflicht in ein bayerisches Reiterregiment eingereiht und um jene Zeit gerade beurlaubt war, besuchte den Markt, um für seinen Vater Pferde zu kaufen; er fragte den Gruber, was sein Pferd koste. Gruber verlangte 300 Mark. Nach längeren Unterhandlungen vereinbarten beide einen Kaufpreis von 250 Mark. Alt zahlte auf der Stelle und beauftragte den Gruber, das Pferd in die Stallräume einer dem Marktplatze nahen Wirtschaft zu führen; dabei sagte er leise zu ihm: „wenn Dich jemand fragt, was der Gaul gekostet hat, so sagst Du 300 Mark“. Gruber versprach, es zu sagen.

Der Mühlbesitzer Konrad Schwarz von Dorfen hatte aus einiger Entfernung dem Handel zwischen Gruber und Alt zugesehen. Er vermutete, daß Alt das Pferd des Gruber gekauft habe. Da das Tier ihm gefiel, beschloß er, es zu kaufen. Er fragte den Gruber was das Pferd gekostet habe. Gruber hielt die Frage für einen Ausfluß der Neugier, dachte aber auch an die Möglichkeit, daß der ihm unbekannte Fragesteller das Pferd kaufen wolle; er trug kein Bedenken, wahrheitswidrig zu antworten, daß es 300 Mark gekostet habe. Schwarz glaubte an die Richtigkeit der Antwort.

Dem Alt war nicht entgangen, daß Schwarz mit Gruber sprach; er erriet sofort die Absicht des Schwarz, nahm an, daß Gruber den Schwarz bezüglich der Höhe des Kaufpreises angelogen habe und beschloß, aus dem Irrtume des Schwarz Nutzen zu ziehen. Schwarz trat an Alt mit der Frage heran: „was muß ich darauf zahlen, damit ich das Pferd bekomme?" Alt erwidert: „30 Mark". Er und Schwarz einigten sich auf eine Daraufzahlung von 20 Mark. Als Schwarz diese Zahlung geleistet hatte, sagte Alt: „so, jetzt bekomme ich noch, wenn das Pferd übergeben ist, 300 Mark". Die Uebergabe fand an demselben Tage noch statt. Schwarz zahlte dem Alt 300 Mark, weil er in dem Irrtume befangen war, daß der zwischen Gruber und Alt vereinbarte Kaufpreis 300 Mark betragen habe.

Schwarz erfuhr am 16. April 1905, daß er von Gruber angelogen und sein Irrtum von Alt ausgebeutet worden sei; er hielt sich an seinem Vermögen für beschädigt, weil er — außer der Daraufzahlung — dem Alt nur 250 Mark gegeben haben würde, wenn er den wahren Sachverhalt gekannt hätte.

Mehrere Sachverständige, die das Pferd am 11. April 1905 auf dem Markte gesehen hatten, schätzten dessen Wert auf höchstens 250 Mark.

II.

Schwarz erstattete bei der vorgesetzten Dienstbehörde des Alt die Anzeige, daß er von ihm am 11. April 1905 betrogen worden sei. Alt, von der Militärbehörde als Beschuldigter vernommen, bestritt, daß in seinem Tun die Merkmale eines Betrugs zu finden seien. Die Militärbehörde übersandte am 25. Juni 1905 die Anzeige und das Protokoll über die Vernehmung des Alt dem Amtsanwalt bei dem Amtsgerichte Blumau mit der Erklärung:

„Bei dem Betruge, den der Soldat Alt begangen hat, ist der der bürgerlichen Gerichtsbarkeit unterstellte Bauer Michael Gruber als Täter oder Teilnehmer beteiligt. Es wird die beteiligte Militärperson dem bürgerlichen Gerichte zur Untersuchung und Aburteilung des Falles übergeben."

Der Amtsanwalt verfügte am 3. Juli 1905 die Einstellung des Verfahrens gegen Michael Gruber, da die von ihm angestellten Ermittelungen nicht den mindesten Anlaß zur Erhebung der öffentlichen Klage gegen Gruber wegen einer strafbaren Beteiligung an der dem Alt zur Last liegenden Handlung geboten haben.

Am 4. Juli 1905 erhob der Amtsanwalt durch Einreichung einer Anklageschrift bei dem Amtsgerichte Blumau die öffentliche Klage gegen Alt wegen des am 11. April 1905 zum Nachteile des Schwarz begangenen Betrugs. Das Amtsgericht lehnte durch den Beschluß vom 5. Juli 1905 die Eröffnung des Hauptverfahrens ab, weil das bürgerliche Gericht für die Aburteilung des Alt nicht zuständig sei. Der Amtsanwalt legte gegen den Beschluß die Beschwerde ein. Die Strafkammer des Landgerichts Blumau eröffnete durch den Beschluß vom 18. Juli 1905 gegen Alt wegen eines Vergehens des Betrugs, begangen am 11. April 1905, das Hauptverfahren vor dem Schöffengerichte bei dem Amtsgerichte Blumau.

Der Termin zur Hauptverhandlung bei diesem Gericht ist auf den 1. August 1905 anberaumt worden.

Alt, durch die Vermittelung der Militärbehörde geladen, ist im Termin erschienen. Das Gericht erachtete auf Grund der Beweisaufnahme die sämtlichen in der Nr. I bezeichneten Tatsachen für erwiesen, fand in ihnen die gesetzlichen Merkmale eines Vergehens des Betrugs und sprach gegen Alt eine Gefängnisstrafe von vier Wochen aus. Das Urteil des Schöffengerichts ist vom Ablaufe des 8. August 1905 an rechtskräftig geworden. Aus militärdienstlichen Interessen wurde genehmigt, daß die Vollstreckung der Strafe gegen Alt bis zum 1. Dezember 1905 aufgeschoben werde.

III.

Am 10. August 1905 gelangte an die vorgesetzte Dienstbehörde des Alt die Anzeige, daß er am 14. April 1905 in gemeinschaftlicher Ausführung mit der Dienstmagd Franziska Wimmer in Blumau eine Zechprellerei begangen und das Vermögen des Gastwirts Georg Lang um 50 Pfennig beschädigt habe. Die Militärbehörde übersandte am 16. August 1905 die Anzeige dem Amtsanwalt bei dem Amtsgerichte Blumau mit der Erklärung, daß Alt dem bürgerlichen Gericht zur Untersuchung und Aburteilung des Falles übergeben werde.

Die vom Amtsrichter als Beschuldigte vernommene Franziska Wimmer gestand, in gemeinschaftlicher Ausführung mit Alt den Gastwirt Lang um die Zeche von 50 Pfennig betrogen zu haben; sie entzog sich dem weiteren Verfahren durch die Flucht. Der Amtsanwalt stellte das Verfahren gegen die Wimmer bis zur Ermittelung ihres Aufenthalts ein; er erhob am 10. November 1905 durch Einreichung einer Anklageschrift bei dem Amtsgerichte Blumau die öffentliche Klage gegen Alt wegen des am 14. April 1905 zum Nachteile des Gastwirts Lang begangenen Betrugs, beantragte aber, daß das Verfahren in Ansehung dieses Vergehens vorläufig eingestellt werde, weil mit Rücksicht auf die gegen Alt am 1. August 1905 ausgesprochene Strafe die Feststellung des dem Alt zur Last gelegten Betrugs unwesentlich sei. Das Amtsgericht entsprach dem Antrage durch den Beschluß vom 11. November 1905.

Fragen:

I. War das bürgerliche Gericht für die Untersuchung und Aburteilung des dem Alt zur Last gelegten Betrugs zum Schaden des Konrad Schwarz zuständig?

II. Sind in dem durch die Verhandlung vom 1. August 1905 festgestellten Sachverhalte die Merkmale eines Vergehens des Betrugs mit Recht gefunden worden?

III. War der Beschluß des Amtsgerichts Blumau vom 11. November 1905 gesetzlich gerechtfertigt?

Die Antworten sind zu begründen.

II. Aufgabe
aus dem Strafrecht und Strafprozeßrechte.

Vorbemerkung.

Die in der Darstellung des Sachverhalts bezeichneten Orte sind in Bayern gelegen. Zum Bezirke des Landgerichts Westheim gehören die Bezirke der Amtsgerichte Ostheim und Westheim. Die Gemeinde Felden liegt im Bezirke des Amtsgerichts Ostheim.

I.

Die Polizeibehörde von Felden erstattete an den Amtsanwalt bei dem Amtsgericht Ostheim die Anzeige, daß der Gastwirt Jakob Groß von Westheim und die in Westheim wohnenden Gewerbsgehilfen Adam Lang, Benno Wolf, Fritz Braun, Michael Schmitt, Rupert Mayer und Xaver Huber am Abende des 18. Juni 1905 vor dem Hause, das der Gastwirt Jakob Groß im Bezirke der Gemeinde Felden besitzt, ohne polizeiliche Erlaubnis gemeinschaftlich Feuerwerkskörper abgebrannt haben. Das Amtsgericht Ostheim setzte durch die Strafbefehle vom 1. Juli 1905 gegen jeden der sieben Beschuldigten auf Grund der Anzeige und in Anwendung der §§ 47, 367 Nr. 8 des Strafgesetzbuchs eine Geldstrafe von vierzig Mark fest, an deren Stelle im Falle der Uneinbringlichkeit eine Haftstrafe von vier Tagen treten soll. Die Strafbefehle sind den Beschuldigten am 6. Juli 1905 zugestellt worden.

Die Beschuldigten Groß, Braun, Mayer und Huber erlegten am 9. Juli 1905 die Geldstrafe. Die Beschuldigten Lang und Schmitt erhoben gegen die Strafbefehle rechtzeitig den Einspruch; Schmitt fügte der Erhebung die Erklärung bei, daß er nur bezüglich der Höhe der Strafe Einspruch erhebe.

Der Bäckermeister Heinrich Wolf von Westheim gab seinem am 1. Oktober 1886 geborenen Sohne Benno am 9. Juli 1905 den Betrag von vierzig Mark, damit dieser, der kein Vermögen besitzt, die Geldstrafe zahle. Benno Wolf erlegte die Geldstrafe am 10. Juli 1905; sein Vater gab am 12. Juli 1905 zu Protokoll des Gerichtsschreibers bei dem Amtsgericht Ostheim die Erklärung ab, daß er als gesetzlicher Vertreter seines Sohnes Benno gegen den diesem zugestellten Strafbefehl Einspruch erhebe.

Mit Rücksicht auf den von Adam Lang, Michael Schmitt und Heinrich Wolf erhobenen Einspruch schritt das Schöffengericht bei dem Amtsgericht Ostheim am 26. Juli 1905 zur Hauptverhandlung. In dieser sind Lang, Schmitt, Benno und Heinrich Wolf erschienen. Sie bezeichneten den Inhalt der von der Polizeibehörde erstatteten Anzeige als richtig, beantragten, daß eine weitere Beweisaufnahme nicht stattfinde und baten um eine Minderung der durch die Strafbefehle festgesetzten Strafe. Der Amtsanwalt war damit einverstanden, daß die geladenen Zeugen nicht vernommen werden; die Vernehmung unterblieb.

Der verfügende Teil des vom Schöffengerichte verkündeten Urteils lautete:

I. Der von Michael Schmitt und der von Benno Wolf erhobene Einspruch werden als unzulässig verworfen.

II. Adam Lang wird wegen der in Mittäterschaft begangenen Uebertretung nach § 367 Nr. 8 des Strafgesetzbuchs zu einer Geldstrafe von zwanzig Mark oder zu zwei Tagen Haft verurteilt.

Gegen das Urteil des Schöffengerichts legten Michael Schmitt und Heinrich Wolf rechtzeitig die Berufung ohne Beschränkung auf bestimmte Beschwerdepunkte ein; Lang focht das Urteil rechtzeitig mit der Berufung an, weil die ausgesprochene Strafe zu streng sei.

Der Vorsitzende der Strafkammer des Landgerichts Westheim beraumte am 20. August 1905 den Termin zur Verhandlung über die Berufungen auf den 17. Oktober 1905 an.

II.

Der Staatsanwalt bei dem Landgerichte Westheim erhob am 24. Juli 1905 durch Einreichung einer Anklageschrift die öffentliche Klage gegen den Gastwirt Jakob Groß von Westheim und die in Westheim wohnenden Gewerbsgehilfen Adam Lang, Benno Wolf, Fritz Braun, Michael Schmitt, Rupert Mayer und Xaver Huber, weil sie verdächtig zu sein schienen,

„im bewußten und gewollten Zusammenwirken durch Fahrlässigkeit den Brand eines zur Wohnung von Menschen dienenden Gebäudes dadurch herbeigeführt zu haben, daß sie am 18. Juni 1905 abends gemeinschaftlich vor dem Hause, das der Gastwirt Jakob Groß im Bezirke der Gemeinde Felden besitzt, Feuerwerkskörper abbrannten und durch deren Funken das Haus in Brand setzten, welchen Erfolg sie bei der Anwendung der gebotenen Vorsicht als möglich hätten voraussehen können."

Die Strafkammer eröffnete wegen der in der Anklageschrift bezeichneten Tat gegen die Angeklagten das Hauptverfahren durch den Beschluß vom 27. August 1905; im Beschlusse sind die §§ 47, 309 des Strafgesetzbuchs als anzuwendende Strafgesetze bezeichnet. Der Vorsitzende der Strafkammer beraumte den Termin zur Hauptverhandlung auf den 17. Oktober 1905 an.

Bei dem Beginne dieser Verhandlung ist folgendes festgestellt worden:

a) Der Angeklagte Wolf ist, nachdem ihm der Beschluß vom 27. August 1905 und die Ladung zur Verhandlung zugestellt waren, am 10. Oktober 1905 gestorben.

b) Dem Angeklagten Braun sind aus Versehen der Eröffnungsbeschluß vom 27. August 1905 und die Ladung zur Hauptverhandlung nicht zugestellt worden.

Braun war ohne Ladung erschienen. Er beantragte, daß die Verhandlung gegen ihn wie gegen die geladenen und erschienenen andern Angeklagten durchgeführt werde, und erklärte, nachdem ihm der Vorsitzende die Schriftstücke übergeben hatte, deren Zustellung aus Versehen unterblieben war, daß er auf die Einhaltung der Frist nach § 215 der Strafprozeßordnung verzichte. Das Gericht beschloß, daß die Verhandlung auch gegen Braun durchgeführt werde.

In der Verhandlung gab der Vorsitzende des Gerichts aus den Akten des Amtsgerichts Ostheim über das Strafverfahren gegen Jakob Groß und Genossen wegen einer Uebertretung nach § 367 Nr. 8 des Strafgesetzbuchs die oben in der Nummer I bezeichneten Tatsachen bekannt.

Die Strafkammer hat auf Grund der Beweisaufnahme in der Hauptverhandlung vom 17. Oktober 1905 die folgenden Tatsachen für erwiesen erachtet:

A.

Der Gastwirt Jakob Groß besitzt im Bezirke der Gemeinde Felden, einen Kilometer vom Dorfe Felden entfernt, einen Garten. Darin steht ein aus Backstein erbautes, mit Holzschindeln gedecktes, zum Bewohnen eingerichtetes Gartenhaus. Seitwärts davon steht, etwa zehn Meter entfernt, eine aus Fachwerk und Holz erbaute Scheune. Das Gartenhaus dient in den Monaten Juli und August jeden Jahres den Kindern des Groß und ihrer Pflegerin zum Aufenthalt; sonst ist es unbewohnt. In der Scheune lagern jahraus jahrein große Heuvorräte.

B.

Groß hatte für den Abend des 18. Juni 1905 die Gewerbsgehilfen Lang, Wolf, Braun, Schmitt, Mayer und Huber zum Besuche des Gartens eingeladen. Im Laufe des Abends regte Lang das Abbrennen von Feuerwerkskörpern an. Groß sprach sich wegen der drohenden Feuersgefahr und weil die Polizeibehörde die Erlaubnis nicht erteilt habe, dagegen aus. Lang und seine Genossen, denen allen die örtlichen Verhältnisse, insbesondere die bauliche Beschaffenheit des Gartenhauses und der Scheune wohl bekannt waren, versprachen die Anwendung der größten Vorsicht. Groß gab endlich die Zustimmung. Wolf veranstaltete unter den Gästen eine Geldsammlung. Groß beauftragte den Lang und den Wolf, vom gesammelten Gelde beim Krämer in Felden Feuerwerkskörper zu kaufen; der Auftrag wurde ausgeführt.

Groß und Schmitt, die sich auf die Sache verstanden, trafen die erforderlichen Vorkehrungen; sie stellten die Feuerwerkskörper an die Vorderseite des Gartenhauses und richteten es so ein, daß vor der rechten und linken Hausecke ein Feuerwerkskörper zu stehen kam, der Leuchtkugeln warf. Alsbald begann jedoch ein heftiger Wind zu wehen. Groß und Schmitt erregten den Jubel der übrigen Festgenossen, die ihnen zuriefen, daß zur Erzielung einer besonders großartigen Wirkung die an der rechten und linken Hausecke angebrachten Feuerwerkskörper gleichzeitig abgebrannt werden sollen. Obwohl der Wind immer stärker einsetzte, hielten Groß und Schmitt das gleichzeitige Abbrennen für ungefährlich. Groß brannte den an der rechten Hausecke, Schmitt den an der linken stehenden Feuerwerkskörper zur gleichen Zeit ab. Die aufsteigenden Leuchtkugeln wurden von einem jähen Windstoß gegen die Scheune getrieben und fielen durch eine offenstehende Dachluke in das bis zum Dachrande reichende Heu. Dieses wurde von den Leuchtkugeln rasch in Brand gesetzt. Bald stand die Scheune in Flammen. Die herbeigerufene Feuerwehr von Felden war nicht imstande, das Feuer zu löschen.

C.

Der Bürgermeister von Felden, der auch der Befehlshaber der Feuerwehr war, ersuchte den Mayer und den Huber, in die Nachbardörfer Neuburg und Wiesenfelden zu eilen und deren Feuerwehren herbeizurufen; er empfahl ihnen die größte Eile, weil die höchste Gefahr dafür bestehe, daß das Feuer der Scheune auf das Gartenhaus überspringe. Mayer versprach, nach Neuburg, Huber versprach, nach Wiesenfelden zu gehen; beide enteilten auf ihren Fahrrädern.

Mayer war kurz vor dem Beginne des Feuerwerks von Groß beleidigt worden. Als er einen Teil des Weges nach Neuburg zurückgelegt hatte, kam ihm der Gedanke, sich an dem Beleidiger zu rächen. Er beschloß, die Feuerwehr von Neuburg nicht herbeizurufen, damit das Gartenhaus des Groß gegen die Ausbreitung des Brandes von der Scheune her nicht wirksam beschützt werden könne und niederbrenne; er rechnete darauf, daß die Feuerwehr von Wiesenfelden allein nicht imstande sein werde, das Gartenhaus zu retten und fuhr nach Hause.

Huber ließ sich, von einem starken Durste gepeinigt, dazu verleiten, in einem an der Straße nach Wiesenfelden gelegenen Gasthaus einzukehren; er trank rasch ein paar Glas Bier und schlief im Gasthaus ein.

D.

Da die schwache Feuerwehr von Felden keine Unterstützung bekam, so brannte die Scheune des Groß bis auf den Grund nieder. Die Flammen sprangen, vom Winde getrieben, auf das Schindeldach des Gartenhauses über und steckten das Dach in Brand. Das Feuer ergriff die Mauern des Hauses und zerstörte dieses. Als es in vollen Flammen stand, wagte sich der Feuerwehrmann Wild trotz der Abmahnung des Befehlshabers in den Feuerherd hinein, um das Beil zu holen, das er im Erdgeschoß hatte liegen lassen. Kaum hatte Wild das Haus betreten, als die Mauer der Vorderseite einstürzte und ihn erschlug.

E.

Da der Garten des Groß außerhalb des Dorfes Felden liegt, so war kein fremdes Besitztum durch das Feuer gefährdet.

Hätten Mayer und Huber den empfangenen Auftrag ausgeführt, so hätten die Feuerwehren von Neuburg und Wiesenfelden so rechtzeitig zur Stelle sein können, daß ein Teil der Scheune zu retten und das Hinübergreifen des Feuers auf das Gartenhaus zu verhindern gewesen wäre. Wäre nur die eine oder die andere Feuerwehr erschienen, so hätte das Gartenhaus mit Erfolg geschützt werden können.

III.

Nachdem die Hauptverhandlung bis zur Beratung und Verkündung des Urteils durchgeführt war, gab der Vorsitzende bekannt, daß das Gericht die Entscheidung am 24. Oktober 1905 verkünden werde. Hierauf fand die Verhandlung über die Berufungen des Adam Lang, Michael Schmitt und Heinrich Wolf gegen das Urteil des Schöffengerichts vom 26. Juli 1905 statt. Die Beschwerdeführer sind erschienen; sie beantragten, daß das Gericht bei der Entscheidung über die Berufungen die Ergebnisse der Verhandlung berücksichtige, die auf Grund des Eröffnungsbeschlusses vom 27. August 1905 durchgeführt worden ist. Der Vorsitzende gab bekannt, daß die Entscheidung des Gerichts am 24. Oktober 1905 verkündet werden wird.

Wie hat die Gesamt-Entscheidung des Gerichts auf Grund der Verhandlungen vom 17. Oktober 1905 zu lauten?

Die Entscheidung ist zu begründen. Die Begründung hat sich auf die Würdigung des Verschuldens auch in dem Falle zu erstrecken, daß etwa nach dem Ergebnisse der Beweisaufnahme zur Aburteilung nicht die Strafkammer, sondern ein Gericht höherer Ordnung zuständig sein sollte.

III. Aufgabe

aus dem Strafrecht und Strafprozeßrechte.

I.

Der neunzehnjährige Handlungsgehilfe Kurt Mals in München war ein begeisterter Freund des Theaters. Seine knappen Mittel gestatteten ihm jedoch dessen Besuch nur selten. Er verfiel auf den Gedanken, sich den Zutritt auf unredliche Weise zu verschaffen. Er war mit dem zwanzigjährigen Handlungsgehilfen Max Niels befreundet, dessen Vater in München eine kleine Druckerei besaß. Mals faßte den Plan, mit Hilfe des Niels die für die

Stehplätze des Schauspielhauses zu München, eines Privatunternehmens, eingeführten Billete nachmachen zu lassen.

Diese Billete wurden in der Form von rechteckigen, aus braunem Karton gefertigten Karten ausgegeben, die sechs Centimeter lang und vier Centimeter hoch waren und die aufgedruckten Worte enthielten:

„Schauspielhaus zu München
Stehplatz."

Der Tag der Gültigkeit war auf den Karten nicht vermerkt. Der Preis der Karte betrug eine Mark.

Die Karten mußten bei dem Eintritt in den Theaterraum abgegeben werden. Die Theaterdiener lieferten sie nach dem Schlusse jeder Vorstellung dem Kassier ab. Dieser verwendete die unbeschädigten Exemplare wieder, während er die beschädigten Karten vernichtete.

Mals weihte Niels in seinen Plan ein, bat ihn, in der Druckerei seines Vaters ohne dessen Wissen drei Dutzend solcher Karten fertigen zu lassen, und versprach dafür, ihm seine Büchersammlung zur Benützung zu überlassen. Niels ließ sich auf die Sache ein und brachte Mals kurz darnach die gewünschten Karten, die er selbst heimlich in der Druckerei hergestellt hatte.

Mals besuchte noch an demselben Abende das Theater und gab beim Eintritte dem Theaterdiener eine der von Niels erhaltenen Karten. Dieser prüfte sie und ließ Mals in den für die Stehplätze bestimmten Raum ein.

Die Vorstellung konnte wegen eines Hindernisses nicht stattfinden. Der Direktor kündigte dies dem Publikum an und teilte mit, daß die gezahlten Eintrittspreise an der Kasse gegen Abgabe der Billete zurückgezahlt würden, welche bei dem Austritte von den Theaterdienern in Empfang genommen werden könnten. Mals erhielt beim Austritte nicht das von ihm abgegebene, sondern ein echtes Billet. Er bemerkte dies wohl, gab das Billet an der Kasse ab ohne ein Wort beizufügen, und erhielt dort ein Einmarkstück. Voll Freude eilte er zu Niels, erzählte ihm den Vorgang und schenkte ihm das vom Kassier erhaltene Einmarkstück. Nils nahm es dankend an. Das von Mals beim Eintritt abgegebene Billet erhielt beim Austritte der Händler Kern; er gab es, ohne es näher zu besichtigen, an der Kasse ab und empfing dagegen ein Einmarkstück.

Nach ein paar Tagen besuchte Mals wieder das Theater. Er gab bei dem Eintritt eine der von Niels erhaltenen Karten ab. Der Theaterdiener ließ ihn ein. Nach dem ersten Akte begab er sich in den Erfrischungsraum. Dort traf er seinen Freund, den zwanzigjährigen Kaufmann Gottfried Oll. Dieser hatte nicht das Theater besucht, sondern sich nur in den von der Straße aus zugänglichen Erfrischungsraum begeben, um dort mit Bekannten zu plaudern. Oll interessierte sich für den zweiten Akt, in dem ein ihm bekannter Schauspieler eine größere Rolle hatte. Da er nicht die nötigen Mittel hatte, um ein Billet zu kaufen, bat er Mals, ihm die Kontrollmarke zu geben, die Mals — wie üblich — bei dem Austritt aus dem Theaterraum erhalten hatte, damit er gegen Rückgabe dieser Marke unentgeltlich den Theaterraum betreten und den zweiten Akt hören könne. Mals äußerte das Bedenken, daß die Kontrollmarke nur ihn zur Rückkehr auf seinen Platz, nicht aber einen Dritten zum Eintritte berechtige. Oll gab die Berechtigung dieses Bedenkens zu, blieb aber auf seinem Ansinnen stehen und erreichte auch sein Ziel. Er versprach, Mals nach dem zweiten Akte im Erfrischungsraum aufzusuchen, ihm die Kontrollmarke, die ihm beim Austritte behändigt werden würde, zu übergeben und ihm so den Eintritt zu dem dritten Akte zu ermöglichen.

Oll wurde von dem Theaterdiener gegen Abgabe der von Mals erhaltenen Kontrollmarke in den Theaterraum eingelassen, verließ nach dem zweiten Akte diesen Raum, vergaß aber, sich beim Austritt eine Kontrollmarke geben zu lassen, und ging, ohne an sein Versprechen zu denken, nach Hause.

Als Mals das Zeichen hörte, durch das der Beginn des nächsten Aktes angekündigt wurde, holte er schleunigst eine der von Niels erhaltenen Karten hervor und gab sie dem Theaterdiener, um eingelassen zu werden. Der Diener schöpfte Verdacht; er prüfte die Karte und erkannte, daß ihr Karton von dem für die echten Karten verwendeten ganz erheblich abwich.

Der Diener, der früher Gendarm war und die Vorschriften über vorläufige Festnahme noch wohl im Gedächtnis hatte, kündigte dem Mals, der keinerlei Anstalten zur Flucht traf und dessen Persönlichkeit festzustellen er nicht einmal versuchte, die Festnahme an. Mals verwahrte sich gegen die Festnahme, erklärte sich bereit, sich über seine Persönlichkeit auszuweisen, und einen etwaigen Schaden unter Vorbehalt aller Rechte zu decken, und holte aus seiner Westentasche ein Einmarkstück hervor. Da der Diener, der ihn am linken Arme ergriffen hatte, ihn trotz alledem nicht losließ, schlug er ihn mit der rechten Hand derart ins Gesicht, daß der Getroffene zu Boden stürzte und bewußtlos wurde. Mals begab sich sodann auf die Straße.

Dort fiel ihm das, was er getan hatte, schwer auf die Seele. Er entschloß sich, ins Ausland zu fliehen, und überlegte, wie er die Mittel dazu gewinnen könne.

Sein Weg führte ihn an dem Laden eines Goldwarenhändlers vorüber. Rechts und links von dem Laden waren zwei kleine Auslagekästen von Glas in der Weise angebracht, daß sie je mit vier Klammern an der Hausmauer befestigt waren. Die in diesen Kästen untergebrachten goldenen Ketten brachten Mals auf den Gedanken, durch sie die Mittel zur Flucht zu gewinnen. Er entschloß sich, einen Kasten seines Inhalts zu berauben. Er zertrümmerte durch einen kräftigen Schlag mit seinem Taschenmesser eine Scheibe dieses Kastens und nahm die sechs Ketten an sich, die sich darin befanden; er schätzte sie auf sechshundert Mark. Da kam ihm die Lust, auch den Inhalt des zweiten Kastens sich anzueignen. Da er aber befürchtete, das Zertrümmern einer weiteren Glasscheibe auf der Straße könne einen Schutzmann herbeiführen, versuchte er die Klammern, mit denen der Kasten an der Mauer befestigt war, herauszunehmen. Das gelang ihm über Erwarten leicht. Er nahm den Glaskasten an sich, um ihn seines Inhalts zu berauben, trug ihn in den Flur eines benachbarten Hauses, dessen Türe zufällig offenstand, schloß die Türe, zertrümmerte eine Scheibe des Kastens und entnahm ihm die darin verwahrten acht Ketten, die er auf siebenhundert Mark schätzte.

Mals eilte dann mit den Ketten davon. Er begegnete einem Wachmanne der Wach- und Schließgesellschaft, einer Privatunternehmung, die gegen Entgelt die nächtliche Ueberwachung des Verschlusses der Haustüren und der Sicherheit des Eigentums ihrer Kunden übernimmt. Dem Wachmanne fiel das unsichere Wesen des Mals auf; er hielt ihn an und fragte ihn, was er treibe. Mals hielt den Wachmann für einen Schutzmann. In seiner Angst bot er ihm eine Kette im Werte von hundert Mark zum Geschenk an, wenn er ihn nicht weiter aufhalte. Der Wachmann hatte keinen Zweifel darüber, daß die Kette nicht auf ehrliche Weise erworben war; er nahm sie aber trotzdem an und ging seines Weges. Mals eilte davon.

Ein Schutzmann hatte den Vorgang bemerkt. Er nahm den Wachmann fest und erstattete gegen ihn Anzeige. Ueber den Wachmann wurde die Untersuchungshaft verhängt.

II.

In der Hauptverhandlung vor dem Schöffengerichte wurde der Wachmann von der gegen ihn erhobenen Anklage freigesprochen; der gegen ihn erlassene Haftbefehl wurde aufgehoben. Das Schöffengericht übersah aber, Beschluß nach § 4 des Gesetzes vom 14. Juli 1904, betreffend die Entschädigung für unschuldig erlittene Untersuchungshaft, zu fassen.

Wie ist der Tatbestand unter I strafrechtlich zu beurteilen?

Kann der Beschluß unter II von Amts wegen oder auf Beschwerde des Amtsanwalts oder des Freigesprochenen nachträglich gefaßt werden? Wenn die nachträgliche Beschlußfassung zulässig ist, von wem ist dann der Beschluß zu fassen?

Die Antworten sind zu begründen.

Praktischer Fall aus dem Justizfache.

Der bei dem Landgerichte Felden zugelassene Rechtsanwalt Fromm erhob als Prozeßbevollmächtigter des Kaufmanns Simson Findig in Schwinden gegen den Spenglermeister Hermann Bloch in Felden Klage. Auf die Einreichung der Klageschrift bei der Gerichtsschreiberei des Prozeßgerichts bestimmte der Vorsitzende der ersten Zivilkammer zur mündlichen Verhandlung des Rechtsstreits Termin auf Mittwoch den 29. November 1905. Die Klage wurde dem Bloch am 30. Oktober 1905 zugestellt. Dieser bestellte den bei dem Prozeßgerichte zugelassenen Rechtsanwalt Streitberger zu seinem Prozeßbevollmächtigten.

Die Anwälte wechselten die erforderlichen vorbereitenden Schriftsätze. In der Sitzung vom 29. November 1905 war die erste Zivilkammer besetzt mit dem Landgerichtspräsidenten Schneider und den Landgerichtsräten Fuchs und Gründler; den Dienst des Gerichtsschreibers versah der Sekretär Vetter.

Auf den Aufruf der Sache verlas zunächst der Rechtsanwalt Fromm aus der Klageschrift den Antrag, das Landgericht wolle erkennen: Der Beklagte ist schuldig, dem Kläger 1370 Mark nebst Zinsen daraus zu fünf vom Hundert vom Tage der Zustellung der Klage an zu zahlen und das ihm von dem Kläger übergebene Modell herauszugeben, oder doch den Beklagten verurteilen, unter Wandelung des Vertrages vom 26. Januar 1905 dem Kläger das Modell und die ihm gelieferten Bestandteile für zehn Zugscheiben herauszugeben und einen Schadensersatz von 50 Mark zu leisten, ferner ihm die Kosten des Rechtsstreits auferlegen.

Der Rechtsanwalt Streitberger verlas aus seinem vorbereitenden Schriftsatze den Antrag, das Landgericht wolle erkennen:

Die Klage wird abgewiesen; der Kläger hat die Kosten des Rechtsstreits zu tragen.

Der Anwalt des Klägers führte zur Begründung seines Antrags aus:

Findig hat dem Bloch das Modell eines für Schießübungen bestimmten Apparats (einer sogenannten Zugscheibe) zur Ausführung des Apparats übergeben.

Auf einen hölzernen Unterbau sind vier Eisenschienen, die auf der Innenseite vorspringende Ränder haben, senkrecht in der Weise aufgeschraubt, daß zwischen je zwei Schienen, die einander die Innenseite zukehren, eine in den Raum zwischen den vorspringenden Rändern, die sogenannte Führung, eingepaßte Scheibe auf- und abgezogen werden kann. Die beiden Schienenpaare stehen nahe hintereinander, die beiden Scheiben sind von gleichem Gewichte und sind an Drahtseilen, die an den oberen Enden der Schienen über Rollen laufen, so befestigt, daß beim Herabgehen der einen Scheibe die andere hinaufgeht. Die Bewegung der Scheiben geschieht mittels einer Zugvorrichtung, die der Zieler handhabt.

Am 26. Januar 1905 haben die Parteien folgenden Vertrag geschlossen:

1. „Bloch verpflichtet sich, dem Findig nach dem ihm übergebenen Modelle binnen vier Wochen nach Empfang des von Findig zu stellenden Gusses (d. i. der Schienen, der Rollen und der Scheiben) zehn Zugscheiben fertig montiert mit Einschluß aller Zutaten und der Lackierung frei Spediteur Träger in Felden zum Preise von 60 Mark für das Stück zu liefern, wovon 30 Mark auf die Drahtseile, das Fußgestell und die Zutaten gerechnet werden. Die gußeisernen Bestandteile sind auf Anweisung des Findig, der sie bei dem Eisenwerke Roßmann in Bachhausen bestellen wird, unmittelbar an Bloch abzuliefern.

2. Die vereinbarte Vergütung ist acht Tage nach dem Empfange der Apparate zu zahlen."

Der Guß war am 30. April 1905 vollständig in den Händen des Bloch, so daß die Ablieferung der Apparate spätestens am 28. Mai 1905 hätte erfolgen sollen. Hiezu kam es aber weder zu der vereinbarten Zeit noch später. Findig verlangt von Bloch Ersatz des ihm durch die Nichterfüllung des Vertrags entstandenen Schadens, der sich in folgender Weise berechnet:

1. An das Eisenwerk Roßmann in Bachhausen sind für die Herstellung des Gusses gezahlt worden 370 Mark.

2. Bei rechtzeitiger Ablieferung der Apparate hätte für jedes Stück ein Gewinn von 100 Mark erzielt werden können, der jetzt nicht mehr möglich ist, so daß sich ein Gewinnentgang von 1000 Mark ergeben hat.

Für den Fall, daß der Anspruch auf Schadensersatz nicht für begründet erachtet werden sollte, macht Findig das Recht auf Wandelung des Vertrags geltend. Wie er sich nämlich am 15. Mai 1905 bei einer vorläufigen Besichtigung der Montierungsarbeit überzeugt hat, sind die vom Bloch beschafften Drahtseile von so schlechter Beschaffenheit, daß sie schon nach wenigen Zügen schadhaft werden. Auf diesen Mangel hat Findig den Bloch sofort aufmerksam gemacht. Er hat ihm dabei zur Beseitigung des Mangels nach § 326 des BGB. eine Frist bis zum 28. Mai als dem für die Ablieferung der Apparate vereinbarten Termin bestimmt, Bloch hat aber den Mangel nicht beseitigt. Für alle Fälle steht deshalb dem Findig der Anspruch auf Rückgängigmachung des Vertrags zu.

Der Rechtsanwalt Streitberger beantragte nun, die Verhandlung auf den Grund der erhobenen Ansprüche zu beschränken; der Rechtsanwalt Fromm erklärte sich damit einverstanden. Durch einen vom Vorsitzenden verkündeten Beschluß des Gerichts wurde dem Antrage entsprochen.

Zur Begründung seines zur Sache gestellten Antrags machte der Anwalt des Beklagten geltend:

Die Angaben des Klägers über den Abschluß und den Inhalt des Vertrags sind richtig. Der Vertrag ist als Werkvertrag aufzufassen, denn es sollten bestimmte nicht vertretbare Sachen von dem Beklagten hergestellt werden. Nicht seine Arbeit bildete den Gegenstand des Vertrags sondern die Herstellung zum Gebrauche fertiger Apparate.

Mit der ihm vertragsmäßig obliegenden Leistung ist der Beklagte nicht in Verzug gekommen, denn das ihm gelieferte Material war so mangelhaft, daß es nicht möglich war, damit betriebsfähige Apparate herzustellen. Unfertige, zum Gebrauche nicht geeignete Apparate abzuliefern war aber der Beklagte nicht verpflichtet. Die Führung der Schienen ist zu seicht und gegen den oberen Teil der Schienen hin zu eng, die Scheiben gehen deshalb nicht ordentlich auf und ab. Als der Kläger sich am 28. Mai 1905 bei dem Beklagten einfand, um die montierten Apparate zu besichtigen, und die Wahrnehmung machte, daß sie wegen des erwähnten Mangels nicht in richtigen Gang gebracht werden können, erklärte er, daß er die Apparate nicht annehme, sondern sie dem Beklagten zur Verfügung stelle. Der Beklagte ist aber nicht verpflichtet, die Apparate auch dann abzuliefern, wenn ihnen Mängel anhaften, wegen deren der Besteller die Annahme verweigert. Um mit der Sache nichts mehr zu tun zu haben, hat der Beklagte schließlich die zehn montierten Apparate am 1. Oktober 1905 für Rechnung des Klägers dem in dem Vertrage bestimmten Spediteur Träger in Felden übergeben; bei diesem befinden sie sich noch in Verwahrung. Die von dem Beklagten verwendeten Drahtseile sind nicht unbrauchbar, sie dehnten sich nur, als sie bei den Proben mit übermäßiger Gewalt gezogen wurden. Drahtseile von der Beschaffenheit und Stärke, die der Kläger beansprucht, kosten indessen für einen Apparat nicht mehr als 3 Mark. Wegen eines so geringfügigen Mangels, der für die Tauglichkeit des Werkes ohne Bedeutung ist, kann die Wandelung überhaupt nicht begehrt werden, er würde den Kläger höchstens zum Abzuge des Betrages von 30 Mark berechtigen. Der Beklagte will deshalb über die Beschaffenheit der Drahtseile nicht streiten, er lehnt es aber, da die Apparate verpackt beim Spediteur lagern, ab, neue Drahtseile anzubringen, und will sich hiewegen einen Abzug von 30 Mark gefallen lassen.

Der Anwalt des Klägers entgegnete:

Es handelt sich nicht um einen Werkvertrag, sondern um einen Kauf. Der Beklagte hat sich verpflichtet, zehn Zugscheiben vollständig fertig zu liefern, es liegt also der Kauf einer von dem Verkäufer anzufertigenden Sache vor. Die einzelnen Bestandteile, die von dem Eisenwerke Roßmann bezogen wurden, sind niemals in das Eigentum des Klägers gelangt, sondern von dem Eisenwerk unmittelbar dem Beklagten übergeben worden. Dieser hat aus ihnen neue Sachen, die Zugscheiben, hergestellt. Dadurch ist er als Verfertiger Eigentümer geworden, und diese ihm gehörenden Sachen hat er nach dem Vertrage dem Kläger zu liefern. Für die Eigenschaft des Geschäfts als Kauf spricht auch der Umstand, daß der für die Leistungen des Beklagten zu zahlende Preis ungefähr anderthalbmal so groß ist als der Wert der verarbeiteten Bestandteile. Uebrigens sind die Apparate vertretbare Sachen, was sich schon aus ihrer Zahl ergibt. Sie können in jedem Geschäfte, das dem des Beklagten ähnlich ist, hergestellt werden, und dem Käufer eines Apparates ist es gleichgültig, welchen von den zehn Apparaten er erhält. Richtig ist, daß der Kläger am 28. Mai 1905 die Apparate beanstandet hat, er hat sich jedoch später davon überzeugt, daß der Fehler der Schienen von der Gießerei verschuldet ist, und deshalb am 1. Juni 1905 dem Beklagten bei einer weiteren Unterredung erklärt, er solle die Schienen lassen wie sie sind und die Apparate mit den fehlerhaften Schienen abliefern. Die Apparate sind allerdings dem vom Kläger bestimmten Spediteur Träger übergeben worden. Diese Uebergabe geht aber den Kläger nichts an, weil der Beklagte von dem Spediteur verlangt hat, daß er die Apparate nur gegen Zahlung des vereinbarten Preises abliefert. Bei dem Spediteur sind die Apparate, wie der Kläger glaubwürdig erfahren hat, durch Feuchtigkeit rostig geworden. Für diesen Schaden muß der Beklagte schon deshalb einstehen, weil der Schaden vor der Abnahme der Apparate eingetreten ist; diese sollte erst nach der Ankunft und Besichtigung stattfinden. Die Beseitigung des Schadens würde einen Aufwand von 50 Mark erfordern; dessen Ersatz ist in dem eventuellen Antrage verlangt.

Der Anwalt des Beklagten erwiderte folgendes:

Die Unterredung vom 1. Juni 1905 hat den vom Kläger behaupteten Inhalt gehabt. Durch sie wurde eine wesentliche Aenderung des Vertrags herbeigeführt, die die selbstverständliche Folge nach sich zog, daß auch die im Zusammenhange mit den übrigen Vertragsbestimmungen getroffene Vereinbarung über die Zahlungsfrist hinfällig wurde. Wollte der Kläger sie aufrechterhalten wissen, so mußte er sie ausdrücklich vorbehalten. Durch sein Schweigen ist der Beklagte in den Glauben versetzt worden, der Kläger sei damit einverstanden, daß sie hinwegfalle. Außer der Fehlerhaftigkeit der Schienen sind auch die Rollen unbrauchbar. Die Rinne, in welcher das Drahtseil über die Rolle laufen soll, ist zu flach, so daß das Drahtseil bei raschem Anziehen über den Kranz der Rolle hinausspringt. Es ist sohin unmöglich gewesen, mit den auf Bestellung des Klägers gelieferten Schienen und Rollen betriebsfähige Apparate herzustellen. Der Vertrag war also auf eine von Anfang an unmögliche Leistung gerichtet und ist deshalb nichtig. Der Beklagte hat die Unmöglichkeit der von ihm versprochenen Leistung selbstverständlich weder gekannt noch kennen müssen. Nach seiner gewerblichen Vorbildung konnte er sie erst wahrnehmen, als die Arbeit in der Hauptsache fertig war. Der Kläger haftet aber für den aus der Fehlerhaftigkeit der gelieferten Bestandteile entstandenen Schaden, weil er sie zu beschaffen hatte, zur Erfüllung seiner Verpflichtung sich des Eisenwerks Roßmann bediente und deshalb ein Verschulden des Eisenwerks zu vertreten hat. Er ist also nach den §§ 307, 823 des BGB. dem Beklagten zum Schadensersatze verpflichtet. Der Schaden, auf dessen Ersatz Widerklage erhoben wird, kommt dem Betrage der nach dem Vertrage dem Beklagten gebührenden Vergütung gleich; der Kläger muß dem Beklagten 600 Mark entweder als die vereinbarte Vergütung oder als Schadensersatz zahlen.

Der Anwalt des Beklagten verlas sodann aus einem von ihm gefertigten Schriftsatze den Antrag, das Landgericht wolle zu Recht erkennen: Der Kläger und Widerbeklagte ist schuldig, dem Beklagten und Widerkläger 600 Mark zu zahlen, und hat die Kosten der Widerklage zu tragen. Sodann fuhr er fort:

Es ist zwar richtig, daß der Beklagte den Spediteur angewiesen hat, die Apparate nur gegen Zahlung des vereinbarten Preises abzuliefern, aber durch die dem Spediteur erteilte Weisung kann die Tatsache nicht aus der Welt geschafft werden, daß der Spediteur der Empfangsbevollmächtigte des Klägers ist, mit der Uebergabe an ihn daher die Ablieferung an den Kläger erfolgt ist. Der Beklagte bestreitet nicht, daß die Apparate bei dem Spediteur rostig geworden sind und daß dadurch ein Schaden von 50 Mark entstanden ist. Er kann aber nicht zugeben, daß dieser Schaden ihn trifft, weil der Kläger nach der klaren Vertragsbestimmung „frei Spediteur Träger" die Apparate dort abzunehmen hatte.

Der Anwalt des Klägers und Widerbeklagten verlas den Antrag, das Landgericht wolle erkennen: Die Widerklage wird abgewiesen. Dazu bemerkte er:

Aus dem Umstande, daß die Schienen ihrem Zwecke nicht ganz entsprechen, kann keineswegs die Nichtigkeit des ganzen Vertrags abgeleitet werden. Unmöglichkeit der Erfüllung liegt, auch wenn alle Rügen des Beklagten zutreffen, nicht vor, weil solche Fehler durch Aenderung der Schienen und durch Ersetzung der mangelhaften Rollen gehoben werden können. Von einer Aenderung der Zahlungsfrist kann keine Rede sein; bei der Unterredung vom 1. Juni 1905 ist davon kein Wort gesprochen worden. Der Kläger würde, wenn die Sprache darauf gekommen wäre, jede Aenderung des Vertrags in dieser Beziehung entschieden abgelehnt haben.

Der Anwalt des Beklagten und Widerklägers führte darauf aus:

Der Beklagte war nur verpflichtet, von den Mängeln der fehlerhaften Bestandteile rechtzeitig, d. h. sobald sie ihm erkennbar geworden waren, dem Kläger Anzeige zu erstatten; dies ist auch geschehen. Sache des Klägers war es, fehlerfreie Schienen und Rollen zu liefern. Dies hat er unterlassen, er ist also mit der ihm obliegenden Handlung, die er bis heute nicht nachgeholt hat, in Verzug geraten. Der Beklagte hat alles getan, was er zu tun vermochte, um mit den gelieferten Bestandteilen gebrauchsfähige Apparate herzustellen; er hat auch am 28. Mai 1905 dem Kläger erklärt, daß er an den Apparaten nichts mehr zu ändern vermöge. Erst wenn der Kläger seiner Verpflichtung, brauchbare Schienen und Rollen zu liefern, genügt hätte und hiedurch die Herstellung gebrauchsfähiger Apparate ermöglicht worden wäre, würde der Beklagte zur Ablieferung des Werkes verpflichtet sein. Der Kläger hat ihm durch seine schuldhafte Unterlassung die Vollendung der Arbeit unmöglich gemacht, die ihm obliegende Leistung muß demnach als erfüllt gelten und sein Anspruch auf die Gegenleistung bleibt nach § 642 des BGB. bestehen.

Der Anwalt des Klägers und Widerbeklagten erwiderte:

Die von dem Beklagten gerügten Mängel der Schienen und Rollen sind, wie der Beklagte selbst hervorhebt, nicht solche Mängel der von ihm hergestellten Apparate, welche von ihm zu vertreten wären; denn er hat die Abwesenheit dieser Fehler nicht zugesichert und sie sind auch dem Kläger nicht unbekannt geblieben. Es hat deshalb der Kläger von dem Beklagten nicht die Beseitigung dieser Mängel, sondern nur die Ablieferung der fertigen Ware verlangt. Man kann auch nicht sagen, daß die Apparate wegen der von dem Kläger erteilten Anweisung, sie mit den fehlerhaften Schienen und Rollen zu montieren, unausführbar geworden seien. Die Frage aber, ob der Beklagte sonst von der vorgeschriebenen Ausführung abgewichen ist, kann erst nach Lieferung der Apparate geprüft werden, vor der Prüfung braucht der Kläger nicht zu zahlen. Durch die Anzeige der an den Schienen und Rollen entdeckten Fehler hat der Beklagte seiner vertragsmäßigen Verpflichtung nicht genügt. Der Verzug in der Ablieferung der Apparate, zu deren Abnahme der Kläger bereit war und noch bereit ist, ist daher nicht gerechtfertigt.

Der Anwalt des Beklagten und Widerklägers fügte seinen Ausführungen noch folgendes bei:

Dem Beklagten kann unter den obwaltenden Umständen nach Treu und Glauben nicht zugemutet werden, die tatsächlich nicht brauchbaren Apparate abzuliefern, ohne daß Zug um Zug seine Forderung berichtigt wird. Denn er muß, wenn er die Apparate ohne Zahlung aus der Hand gibt, besorgen, daß der Kläger unter dem Vorwande, sie seien mit Mängeln behaftet, die der Beklagte zu vertreten hat, die Zahlung verweigere und ihn nötige, erst in einem Rechtsstreite sein gutes Recht durchzusetzen. Durch die Ablieferung würde er auch seines Pfandrechts an den Apparaten verlustig. Der Besteller kann aber nach § 1223 des BGB. nur gegen Befriedigung des Unternehmers die Herausgabe des Pfandes verlangen. Das Pfandrecht erstreckt sich selbstverständlich auch auf das dem Beklagten übergebene Modell.

Der Anwalt des Klägers und Widerbeklagten entgegnete noch folgendes:

Der Kläger beruft sich auf den Vertrag, in dem eine achttägige Zahlungsfrist bestimmt ist. Diese Vereinbarung hat insbesondere den Zweck, dem Kläger die Prüfung der Vertragsmäßigkeit der Apparate zu ermöglichen; er ist deshalb nicht verpflichtet, Zahlung zu leisten, bevor er sich vollständig vergewissert hat, daß der Beklagte geleistet hat, was ihm obliegt. Von einem Pfand- oder Zurückbehaltungsrechte des Beklagten kann schon deshalb nicht die Rede sein, weil es sich nicht um einen Werkvertrag sondern um einen Kaufvertrag handelt. Was endlich das Modell betrifft, so ist nicht einzusehen, wie der Beklagte ein Zurückbehaltungsrecht oder gar ein Pfandrecht daran haben soll.

Auf die Frage des Vorsitzenden, ob die Sache nun vollständig erörtert sei, erwiderten die Anwälte, daß sie ihren Ausführungen nichts mehr beizusetzen, insbesondere Beweisanträge nicht zu stellen haben.

Der Vorsitzende schloß nun die Verhandlung und bestimmte zur Verkündung der Entscheidung Termin auf Mittwoch den 6. Dezember 1905 nachmittags 5 Uhr.

Die Kandidaten haben die auf Grund der vorstehend geschilderten mündlichen Verhandlung zu erlassende Entscheidung nach Maßgabe der Vorschriften der Zivilprozeßordnung zu entwerfen. In den Entscheidungsgründen sind die sämtlichen in den Parteivorträgen geltend gemachten rechtlichen Gesichtspunkte zu würdigen. Die Darstellung des Tatbestandes ist nicht erlassen.

I. Aufgabe

aus dem Staatsrechte des Deutschen Reichs und des Königreichs Bayern. 1905.

In welchem Umfange läßt die Reichsverfassung die reichsrechtliche Regelung des Versicherungswesens zu? Hat das Reich insbesondere die Befugnis zur Regelung des Vertragsrechts auf dem Gebiete des Versicherungswesens? Erstreckt sich die Befugnis des Reichs auch auf die Ausübung der Aufsicht gegenüber den Versicherungsunternehmungen?

Welche Ausnahmestellung genießt Bayern hinsichtlich des Versicherungsrechts? Bei der Beantwortung dieser Frage ist die Sonderstellung Bayerns gegenüber den einzelnen Versicherungszweigen der Brandversicherung, Lebensversicherung, Hagelversicherung, Viehversicherung, Glas- (Fenster-) Versicherung, Versicherung der Hausbesitzer gegen Haftpflicht und Wasserschäden, Versicherung gegen Mietzinsentgang zu erörtern.

Erstreckt sich das bayerische Sonderrecht auch auf die Frage der Zulässigkeit des Rechtswegs in Versicherungsangelegenheiten? Nach welchen Grundsätzen bestimmt sich überhaupt die Entscheidung über die öffentlichrechtliche oder privatrechtliche Natur eines Rechtsverhältnisses bei Kollisionen zwischen Reichsrecht und Landesrecht und bei Kollisionen zwischen den Landesrechten verschiedener Einzelstaaten?

II. Aufgabe

aus dem Staatsrechte des Deutschen Reichs und des Königreichs Bayern. 1905.

Welche Bestimmungen bestehen in Bayern über Aufenthaltsbeschränkungen (Ausweisungen) von Nichtdeutschen?

Wie ist die Zuständigkeit, das Verfahren, das Beschwerderecht und der Instanzenzug geregelt?

Aufgabe

aus dem katholischen Kirchenrechte. 1905.

I.

Im Jahre 1822 stellten die in dem protestantischen Pfarrsprengel Langen wohnhaften Katholiken, die bis dahin einer Pfarrei ihres Bekenntnisses nicht zugeteilt waren und bei Vornahme von Taufen, Trauungen und Beerdigungen die Tätigkeit des protestantischen Pfarrers in Anspruch zu nehmen pflegten, den Antrag auf Einpfarrung in die katholische Pfarrei der etwa $1^1/_2$ Stunden von Langen entfernten Stadt Neubach. Der Antrag war an verschiedene Vorbehalte geknüpft; insbesondere bedangen sich die Antragsteller aus, „daß die in Langen versterbenden Katholiken, wie bisher, so auch künftighin auf dem dortigen protestantischen Friedhofe beerdigt werden dürfen, da die Errichtung eines eigenen katholischen Gottesackers die Leistungsfähigkeit der Beteiligten übersteigen würde und die Verbringung der Leichen nach dem entlegenen katholischen Kirchhofe in Neubach mit zu großen Umständen und Kosten verbunden wäre."

Das protestantische Pfarramt Langen und das K. protestantische Konsistorium X. sowie das katholische Pfarramt Neubach und das bischöfliche Ordinariat N. erklärten sich hiemit ausdrücklich einverstanden; auch sonst wurde gegen den Antrag von keiner Seite eine Erinnerung erhoben.

Mit allerhöchster Entschließung vom 18. Mai 1822 wurde hierauf „die Einverleibung der sämtlichen in der protestantischen Pfarrei Langen wohnhaften Katholiken in die katholische Pfarrei Neubach unter den beantragten Bedingungen genehmigt."

Die in Langen verstorbenen Katholiken wurden seither nach wie vor auf dem dortigen protestantischen Kirchhofe von dem protestantischen Pfarrer beerdigt, während alle sonstigen seelsorglichen Verrichtungen, einschlüssig der Taufen und Trauungen für die Katholiken von Langen fortan von dem katholischen Pfarramte Neubach vorgenommen wurden.

Im Jahre 1905 stellte das bischöfliche Ordinariat N. auf Veranlassung einiger Katholiken von Langen und auf Ansuchen des katholischen Pfarramts Neubach den Antrag:

> „es möge die vollständige Auspfarrung der in Langen lebenden Katholiken aus der protestantischen Pfarrei Langen und ihre Zuweisung zur katholischen Pfarrei Neubach auch hinsichtlich des Begräbnisses verfügt werden."

Begründet wurde dieser Antrag damit, daß der seitherige Zustand in Langen, wonach die konfessionelle Pfarrpurifikation nur unvollständig durchgeführt und es hinsichtlich der Sepultur bei der Zuteilung der Katholiken zur protestantischen Pfarrei Langen geblieben sei, zweifellos als eine heutzutage nicht mehr zeitgemäße Anomalie erscheine.

Auf Veranlassung der K. Regierung, Kammer des Innern, von O. wurden zunächst noch verschiedene Erhebungen gepflogen, in deren Verlauf sämtlichen Beteiligten Gelegenheit zur Äußerung gegeben wurde. Von den volljährigen männlichen katholischen Einwohnern von Langen erklärten sich 18 für den Ordinariatsantrag, während sich 19 für die Beibehaltung des bisherigen Zustandes aussprachen. Die letzteren machten geltend, daß sie die Fortdauer der Beerdigung der Katholiken in Langen namentlich deshalb wünschten, weil das Begräbnis in Neubach viel kostspieliger sich gestalte. Abgesehen von den Kosten des Leichentransportes beliefen sich auch die Stolgebühren in der Stadt Neubach viel höher als in Langen; ferner hätten die Katholiken auf dem Friedhofe in Langen zumeist Familiengräber, während sie in Neubach erst Gräber um teures Geld erwerben müßten.

Die katholische Kirchenverwaltung Neubach erklärte, daß sie mit der Beerdigung der Katholiken von Langen auf dem Neubacher Kirchhofe vollständig einverstanden sei. In gleichem Sinn nahm auch das katholische Pfarramt Neubach Stellung.

Dagegen legte das protestantische Pfarramt Langen in einer schriftlichen Erklärung, der sich die protestantische Kirchenverwaltung Langen anschloß, gegen den Antrag des Ordinariats Einspruch mit der Begründung ein, daß es sich hier um eine schon seit unvordenklicher Zeit bestehende, im Jahre 1822 mit Zustimmung aller Beteiligter, auch des Ordinariats N. durch landesherrliche organisatorische Verfügung aufrechterhaltene Einrichtung handle, die nur im allseitigen Einverständnisse mit Allerhöchster Genehmigung geändert werden könnte. In Bezug auf Beerdigungen seien die Katholiken von Langen aus der protestantischen Orts-Pfarrei nicht ausgepfarrt worden und deshalb in dieser Richtung nach den Grundsätzen des Pfarrzwangs auch jetzt noch dem Parochialrechte des protestantischen Pfarrers unterworfen. Dieser werde auch jeweils bei der Installation noch besonders darauf verpflichtet, die Einsegnung der katholischen Leichen, die auf dem Friedhofe in Langen beerdigt werden, vorzunehmen. Auch sei in der Fassion der protestantischen Pfarrei Langen unter den Einnahmen ein Posten von 3 Mark 69 Pfennig für katholische Beerdigungen vorgesehen. Die Einweisung des jeweiligen protestantischen Pfarrers in die Temporalien beziehe sich doch wohl auch auf diesen fassions- und dotationsmäßigen Einkommensbestandteil, hinsichtlich dessen er staatlichen Schutz gegen jede Beeinträchtigung beanspruchen könne.

Das K. Bezirksamt Waldheim, zu dessen Bezirk sowohl Neubach als auch Langen gehören, stellte fest, daß die beiden sehr geräumigen Friedhöfe in Neubach und Langen im Eigentume der treffenden Kirchenstiftungen stehen, und daß seit dem Jahre 1822 mehrmals in Langen verstorbene Katholiken auf Wunsch der Hinterbliebenen ohne Widerspruch von protestantischer Seite auf dem katholischen Friedhofe in Neubach beerdigt worden sind. Das K. Bezirksamt fügte noch bei, daß seines Erachtens ein dringender Anlaß zu einer Änderung des allerdings ungewöhnlichen, aber rechtsbegründeten und von der katholischen Filialgemeinde Langen in ihrer Mehrheit neuerdings gutgeheißenen Zustandes nicht vorliege, da sich bis jetzt besondere Unzukömmlichkeiten hieraus nicht ergeben hätten und es den beteiligten Katholiken ja jederzeit freistehe, ihre Leichen in Neubach beerdigen zu lassen. Jedenfalls aber stehe den Katholiken von Langen nach den einschlägigen Vorschriften ein Rechtsanspruch auf vollständige Auspfarrung aus der protestantischen Ortspfarrei nicht zu.

Das K. protestantische Konsistorium X. gab seine Äußerung dahin ab, daß es jeder Regelung der Angelegenheit, die den protestantischen Pfarrer von Langen in seinen Rechten nicht beeinträchtige, zustimme. Es habe deshalb auch gegen die Beerdigung der Katholiken von

Langen auf dem katholischen Kirchhofe in Neubach dann nichts zu erinnern, wenn dem protestantischen Pfarrer in Langen in jedem einzelnen Beerdigungsfalle die gleichen Stolgebühren, wie er sie bei Vornahme der Beerdigung in Langen beanspruchen könne, bezahlt würden. Die bei der Installation herkömmliche Verpflichtung des protestantischen Pfarrers von Langen zur Vornahme katholischer Beerdigungen beruhe auf einer anläßlich der Allerhöchsten Entschließung vom 18. Mai 1822 ergangenen Konsistorialverfügung.

Unter Anführung der in Betracht kommenden gesetzlichen und sonstigen Bestimmungen und unter Würdigung der angeregten Gesichtspunkte ist zu erörtern, in welcher Weise die Angelegenheit rechtlich zu beurteilen und der Erledigung zuzuführen sein wird.

II.

Am 7. September*) 1905 wurde der K. Regierung, Kammer des Innern, von O. in einem Schreiben des bischöflichen Ordinariats N. mitgeteilt, daß der im 51. Priester- und 75. Lebensjahre stehende katholische Pfarrer Joseph Richter von Tann am 5. des gleichen Monats dem Oberhirten der Diözese unter Hinweis auf sein Alter und seine Kränklichkeit persönlich den Verzicht auf die Pfarrei Tann erklärt habe, und daß der Herr Ordinarius seine Bereitwilligkeit zu erkennen gegeben habe, diesen Verzicht vorbehaltlich der Landesherrlichen Genehmigung anzunehmen. An diese Mitteilung war das Ersuchen geknüpft, mit Rücksicht darauf, daß die Pfarrei Tann eine Pfründe des Landesherrlichen Patronats sei, das Weitere zu veranlassen.

Der K. Regierung, Kammer des Innern, wurde auf ihren hierauf an das K. Staatsministerium des Innern für Kirchen- und Schulangelegenheiten erstatteten Bericht mit Ministerialentschließung vom 23. September

*) „November", wie es im Original heißt, ist ein Druckfehler.

1905 eröffnet, daß das Resignationsgesuch des Pfarrers Joseph Richter in Tann unterm gleichen Tage die Allerhöchste Genehmigung gefunden habe. Pfarrer Richter, dem Abdruck dieser Entschließung am 1. Oktober 1905 zugestellt wurde, erhielt am 5. Oktober 1905 ein oberhirtliches Dekret vom 3. gleichen Monats, worin die Annahme seiner Resignation erklärt wurde.

In der Folge wurde die Frage strittig, von welchem Zeitpunkte an der Pfründegenuß des vormaligen Pfarrers Richter als erloschen zu gelten habe und bis zu welchem Tage ihm die staatliche Aufbesserungszulage behufs Ergänzung seines fassionsmäßigen Reineinkommens von 1750 Mark auszubezahlen sei.

Die zur Sache einvernommene Regierungsfinanzkammer gab folgende Äußerung ab:

Nach kanonischem Rechte und bayerischem Staatskirchenrechte sei der Verzicht auf eine Pfründe in die Hände des Bischofs zu erklären. Im Augenblicke dieses Verzichts sei auch das Recht auf den Pfründegenuß als beendigt anzusehen. Im gegebenen Falle werde daher der für die Beendigung des Pfründegenusses entscheidende Tag wohl der 5. September 1905 sein; da das oberhirtliche Annahmedekret vom 3. Oktober 1905 wohl nur die Bedeutung einer formalen Beurkundung der bereits abgegebenen Annahmeerklärung gehabt habe. Das ärarialische Interesse sei übrigens bei dieser Seite der Angelegenheit weniger beteiligt, als bei der Frage nach der Dauer des Aufbesserungsgenusses. Diese müsse vollkommen unabhängig vom Pfründegenusse beurteilt werden. Für die Beendigung des Bezugs der vom Staate gewährten Aufbesserung könne nur der Augenblick der Landesherrlichen Genehmigung des Pfründeverzichts maßgebend sein. Diese Auffassung, die allein der Natur der Sache und der Bedeutung des treffenden Genehmigungsaktes entspreche, werde auch durch die Erwägung bestätigt, daß auch für den Beginn des Aufbesserungsgenusses bei Landesherrlichen Patronatspfarreien der Tag des von der K. Regierung, Kammer des Innern, über die Pfründeverleihung ausgefertigten Notifikationsdekrets entscheidend sei und zwar selbst dann, wenn die kanonische Einweisung in das Kirchenamt erst später erfolge. Nach der Landesherrlichen Genehmigung der Resignation sei der bisherige Pfarrer dem Staate gegenüber mindestens in Bezug auf den Aufbesserungsgenuß überhaupt nur mehr als Pfarrverweser zu erachten.

Unter Würdigung dieser Gesichtspunkte und unter Anführung der einschlägigen Bestimmungen ist zu erörtern und zu begründen, welcher Zeitpunkt für die Beendigung des Pfründe- und Aufbesserungsgenusses des Pfarrers Richter maßgebend ist.

Aufgabe

aus dem protestantischen Kirchenrechte. 1905.

I.

Die protestantische Pfarrstiftung Weilfried besitzt ein Kapitalvermögen von 17 000 Mark. Hievon sind 10 000 Mark in $3^1/_2$%igen Schuldverschreibungen des allgemeinen bayerischen Staatsanlehens und 3000 Mark in 4%igen mündelsicheren Pfandbriefen einer bayerischen Hypothekenbank angelegt, 4000 Mark zu $4^1/_2$% auf Hypotheken ausgeliehen. Der Grundbesitz der Pfarrstiftung Weilfried besteht aus mehreren durchweg der 14. Bonitätsklasse angehörigen Grundstücken mit einem Gesamtflächeninhalte von 16 Tagwerk, die um den etwas abseits des Dorfes Weilfried stehenden Pfarrhof herumgelegen sind.

Anfangs des heurigen Jahres bot sich Gelegenheit zu einer von dem gegenwärtigen Pfarrer Johannes Kraus längst angestrebten Abrundung des pfarrlichen Grundbesitzes, indem eine unmittelbar angrenzende, gleich den

Pfarrgrundstücken mit 14 bonitierte Nachbarwiese mit einer Fläche von 4 Tagwerk der Pfarrstiftung um den nach den örtlichen Verhältnissen angemessenen Preis von 3000 Mark zum Kaufe angeboten wurde.

Pfarrer Kraus erbat unterm 27. Januar 1905 (für die Pfalz: durch das Presbyterium) bei der K. Regierung, Kammer des Innern, die pfründekuratelamtliche Genehmigung des Erwerbs dieser Wiese für die Pfarrstiftung und schlug vor, daß behufs Aufbringung des Kaufpreises die 4prozentigen, seinerzeit von seinem Amtsvorgänger zum Kurse von 102,20 erworbenen, nun auf 101,80 stehenden Pfandbriefe im Nennwerte zu 3000 Mark, deren Verlosung so über kurz oder lang zu erwarten stehe, zu veräußern seien. Unter Hinweis auf das nicht besonders hohe Vermögen der mit einem fassionsmäßigen Reineinkommen von 1750 Mark dotierten Pfarrei Weilfried bezeichnete Pfarrer Kraus es als selbstverständlich, daß der zum Zwecke des Grundstücksankaufs aus dem Stammvermögen der Pfarrstiftung einzuzehrende Betrag von 3000 Mark vom Jahre 1906 an — etwa in 6 Jahresfristen zu je 500 Mark — refundiert werde, und daß der Pfründebesitzer für diese Refundierungsbeträge sowie für den Entgang an Zinsen aus den eingezehrten Kapitalien volle Vergütung aus Mitteln der staatlichen Einkommensaufbesserung erhalte. Pfarrer Kraus fügte noch an, er wolle bei dieser Gelegenheit auch anregen, daß die zweifellos als ständige Lasten anzusehenden Beiträge, die der jeweilige Pfarrer zur Pfarrwitwenkasse und für die Zwecke der land- und forstwirtschaftlichen Berufsgenossenschaft zu entrichten habe, in der Pfarrfassion künftig unter den Pfründelasten in Ansatz gebracht werden.

Das protestantische Konsistorium, an welches die K. Kreisregierung die Verhandlungen hinüberleitete, bemerkte, daß gegen die Anträge des Pfarrers Kraus im allgemeinen keine Erinnerung bestehe; es werde aber auch über die Verwendung des Kursgewinnes aus dem Verkaufe der Pfandbriefe Verfügung zu treffen sein. Ferner werde zu berücksichtigen sein, daß durch die Veräußerung der Pfandbriefe zu einem gegenüber dem Anschaffungskurse niedrigeren Kurse das Grundstockvermögen der Pfarrei eine allerdings nur geringfügige Wertseinbuße erfahre, für die wohl der Pfründebesitzer aufzukommen habe.

Auf gutachtliche Anregung des Regierungsrechnungskommissariats, das die Vorschläge des Pfarrers Kraus in jeder Hinsicht, namentlich auch in Bezug auf die Bemessung der Refundierungsbeträge als einwandfrei bezeichnete, stellte die K. Regierung, Kammer des Innern, noch fest, daß die Kursaufzahlung beim Ankaufe der 4prozentigen Pfandbriefe seinerzeit von dem Vorgänger des Pfarrers Kraus aus eigenen Mitteln ohne Inanspruchnahme von Pfarrstiftungsgeldern geleistet worden war.

Wer ist zur Verbescheidung der gestellten Anträge und Anregungen zuständig?

Die Entscheidung der zuständigen Stelle ist zu entwerfen und unter Anführung der maßgebenden Bestimmungen zu begründen.

Im Anschlusse hieran ist anzugeben, mit welchen Beträgen die Erträgnisse der Pfarrgrundstücke (abgesehen von dem außer Betracht zu lassenden Pfarrhaus) und der Pfarrstiftungskapitalien unter den fassionsmäßigen Einnahmen vor dem Ankaufe der Nachbarwiese vorzusehen waren, und welche ziffermäßigen Aenderungen sich hieran infolge dieses Ankaufes etwa ergeben werden.

Bei der Bearbeitung ist davon auszugehen, daß die Genehmigung des Erwerbs der Wiese um den Preis von 3000 Mark und die Veräußerung der 4prozentigen Pfandbriefe einem Bedenken nicht unterliegt, ferner, daß die protestantische Pfarrei Weilfried im gleichen

Regierungsbezirk und demselben Dekanatsbezirk wie der Prüfungssitz liegt.

Die Kandidaten der Pfalz haben als feststehend anzunehmen, daß eine Ermittlung der Erträgnisse der Pfarrgrundstücke im Wege einer Schätzung nicht in Betracht kommt, und daß die Entrichtung der Steuern und Umlagen von diesen Grundstücken dem jeweiligen Pfründebesitzer obliegt.

II.

1. Was versteht man unter allgemeiner Kirchensteuer?

2. Muß der Erlaß eines bezüglichen Gesetzes gleichheitlich für alle in Bayern bestehenden öffentlichen Kirchengesellschaften erfolgen oder erscheint es zulässig, ein solches Gesetz nur für die beiden protestantischen Landeskirchen oder auch nur für eine derselben allein zu erlassen?

3. Ist zur Einführung der allgemeinen Kirchensteuer ein Staatsgesetz erforderlich oder genügen hiefür Vorschriften, die von den zuständigen Organen der öffentlichen Kirchengesellschaften erlassen werden?

4a. Für die Kandidaten des diesrheinischen Bayerns: Wer wäre für die protestantische Landeskirche diesseits des Rheins zum Erlaß eines derartigen Kirchengesetzes zuständig? Wer zur Mitwirkung? In welcher Form hätte sich diese Mitwirkung zu vollziehen?

4b. Für die Kandidaten der Pfalz: Wer wäre für die protestantische Kirche der Pfalz zum Erlaß eines derartigen Kirchengesetzes zuständig? Wer zur Mitwirkung? In welcher Form hätte sich diese Mitwirkung zu vollziehen?

5. Wäre für den Fall, daß das Gesetz über die allgemeine Kirchensteuer als Staatsgesetz erlassen würde, die Einvernahme oder die Zustimmung der Vertretung der protestantischen Landeskirche diesseits des Rheins [für die Kandidaten der Pfalz: „der Pfalz"]

erforderlich? Wer wäre zur Abgabe der bezüglichen Erklärung berufen?

6. Welche wesentlichen Punkte hätte ein Gesetz über die allgemeine Kirchensteuer zu regeln?

Die Antworten sind — soweit einschlägig unter Angabe der maßgebenden gesetzlichen Bestimmungen — zu begründen.

Aufgabe

aus dem Polizeirechte. 1905.

Der Gemeindeweg von Oberwörth nach Niederwörth führt eine Strecke weit an hohen, teils senkrecht aufsteigenden, teils überhängenden Felsen vorbei.

Im Frühjahr 1903 stürzte auf dieser Strecke ein schwerer Felsbrocken herab, glücklicherweise ohne Schaden anzurichten. Das K. Bezirksamt Landau nahm Veranlassung, das K. Straßen- und Flußbauamt Landau um gutachtliche Äußerung über die erforderlichen Sicherheitsmaßregeln zu ersuchen. Das Gutachten lautete wie folgt:

„Die fraglichen Felsen sind in hohem Grade ausgewittert und brüchig; die Gefahr, daß bei Tauwetter Felsstücke sich ablösen, ist eine ständige. Zur Sicherung des nicht unbedeutenden Verkehrs auf dem vorbeiziehenden Wege sind daher besondere Maßnahmen erforderlich. Die vollständige Abtragung der zerklüfteten Felspartien wäre wohl, selbst wenn sie durch Pioniere ausgeführt werden könnte, allzu gefährlich und kostspielig. Auch durch öfter wiederholte Abräumungsarbeiten wird die Gefahr eines Felsabsturzes nicht ganz zu beheben sein, da bei den sehr feinen Spaltungen der Felsen nicht die Möglichkeit besteht, alle den Absturz drohenden Stücke mit Sicherheit zu erkennen. Es bleibt daher nur übrig, die Felsen fortwährend im Auge zu behalten und jeweils die erkennbar gefahrdrohenden Stücke zu beseitigen. Sollte dann gleichwohl einmal ein Felsstück abstürzen und Personen, Tiere oder Sachen beschädigen, so hätte man es eben mit einem Elementarereignisse zu tun, für welches niemand verantwortlich gemacht werden könnte; derartige Felsabstürze kommen ja auf Straßen im Hochgebirge fast täglich vor."

Das K. Bezirksamt Landau legte dieses Gutachten der Kgl. Regierung, Kammer des Innern, mit dem Antrage vor, die begutachteten Maßnahmen durch das K. Straßen- und Flußbauamt ausführen zu lassen. In dem bezirksamtlichen Bericht war ausgeführt: „Die nötigen Sicherheitsmaßregeln obliegen nach §§ 823, 907, 908, 1004 BGB. wohl zunächst den Eigentümern der gefahrdrohenden Felspartien. Nach den gepflogenen Erhebungen gehören die betreffenden Grundflächen teils dem Staate, teils Privaten, teils niemand. Soweit die Felsen ärarialisch oder herrenlos sind, kann als Verpflichteter überhaupt nur der Staat in Betracht kommen; aber auch soweit sie in Privateigentum stehen, ist ein Eingreifen des Staates kaum zu umgehen, weil die Beteiligten größtenteils derart unvermögend sind, daß ihre Verpflichtung tatsächlich nicht geltend gemacht werden kann, und soweit sie an und für sich leistungsfähig wären, können sie sich durch Aufgabe ihres Eigentums jederzeit ihren Verpflichtungen entziehen. Auch § 367 Nr. 12 und 13 RStGB. wird kaum eine genügende Handhabe bieten, die beteiligten Privaten zur Durchführung der nötigen Sicherheitsmaßregeln anzuhalten. Äußerstenfalls könnte der gefährdete Weg gesperrt werden, da von Oberwörth nach Niederwörth noch eine zweite Straße, freilich mit bedeutenden Umwegen und einer verlorenen Steigung, führt; um diesen sog. oberen Weg in gut fahrbaren Zustand zu bringen, müßten allerdings einige tausend Mark aufgewendet werden, was der stark überbürdeten Gemeinde Wörth schwerlich wird zugemutet werden können."

Die zur Sache einvernommene Regierungsfinanzkammer erklärte sich damit einverstanden, daß die beantragten Beobachtungen durch das Straßen- und Flußbauamt vorgenommen werden, bemerkte jedoch, daß hierin eine rein freiwillige Leistung des Staates erblickt werden müsse, da insbesondere die angeführten Bestimmungen des Bürgerlichen Gesetzbuchs in dem vorliegenden Falle keineswegs als anwendbar erachtet werden könnten.

Auf Anweisung der K. Regierung, Kammer des Innern, wurden nun seither im Frühjahr und im Herbste vom Straßen- und Flußbauamte Landau Untersuchungen vorgenommen und hierbei etwa 10 Kubikmeter lockeres Gestein abgelöst. Die hierauf erwachsenen Kosten zu 300 Mark wurden auf die Staatskasse übernommen und auf die Etatsposition „übrige Ausgaben auf den Polizeidienst" verrechnet.

Die im Herbste 1905 vorgenommene Untersuchung ergab, daß mehrere größere Felsstücke den Absturz drohten. Am 20. Oktober ließ das Straßen- und Flußbauamt Landau einen Felsblock, dessen sofortige Abtragung im Interesse der öffentlichen Sicherheit dringend geboten erschien, absprengen; der abstürzende Felsblock beschädigte das Haus des Taglöhners Wimmer, das dieser im Jahre 1904 mit baupolizeilicher Bewilligung am Fuße der Felswand erbaut hatte. Das Straßen- und Flußbauamt erbat deshalb von der Regierung, Kammer des Innern, zur Deckung der auf die Sprengungsarbeiten erwachsenen Kosten, zur Entschädigung des Taglöhners Wimmer und zur Vornahme der weiter erforderlichen Arbeiten einen Kredit von 500 Mark.

Hierauf erließ die K. Regierung, Kammer des Innern, am 19. November 1905 folgende Entschließung an das K. Bezirksamt Landau:

„Die bisher von dem K. Straßen- und Flußbauamte Landau auf Staatskosten vorgenommenen Untersuchungen sind nicht in Anerkennung einer rechtlichen Verpflichtung, sondern nur provisorisch und versuchsweise erfolgt.

Die neuerdings einvernommene K. Regierungsfinanzkammer hat es nunmehr abgelehnt, daß die Untersuchungen dauernd auf Staatskosten vorgenommen werden. Nach dem Gutachten des Kreisbaureferats bieten derartige Untersuchungen überhaupt keine absolute Gewähr für die Sicherheit. Ähnliche Verhältnisse finden sich auch vielfach anderwärts; allenthalben werden die zum Schutze der Straßen erforderlichen Maßnahmen von den Besitzern der Straßen, nicht von den Besitzern gefahrdrohender Felsen u. dgl. getroffen. Eine zivilrechtliche Verpflichtung des Ärars kann schon deshalb nicht anerkannt werden, weil die fraglichen Schäden durch Witterungsverhältnisse, also durch Elementarereignisse verursacht werden.

Veranlaßtenfalls ist daher die Gemeinde Wörth zur Erfüllung der ihr als Eigentümerin des Weges nach der Gemeindeordnung obliegenden Pflichten anzuhalten. Bei Gefahr auf Verzug sind von der Ortspolizeibehörde die erforderlichen Absperrungsmaßregeln zu treffen (vgl. § 6 der Ministerialbekanntmachung vom 4. Januar 1872, die Sicherheit und Bequemlichkeit auf öffentlichen Wegen, Straßen und Plätzen betr.).

Was die Wiederherstellung des beschädigten Gebäudes des Taglöhners Wimmer betrifft, so handelt es sich überhaupt nicht mehr um eine polizeiliche Maßregel; die betreffenden Kosten können deshalb auf die Staatskasse nicht übernommen werden. Übrigens hätte dem Genannten die baupolizeiliche Bewilligung nicht erteilt werden sollen."

Gegen diese Entschließung erhob die Gemeindeverwaltung Wörth am 1. Dezember 1905 Beschwerde zum K. Staatsministerium des Innern. In derselben ist ausgeführt, daß der Eigentümer der Straße für Unfälle nur insoweit haftbar gemacht werden könne, als diese durch die Beschaffenheit der Straße selbst verursacht werden; der fragliche Weg befinde sich aber in einem durchaus guten Zustande. Durch die seitherigen Maßnahmen habe der Staat seine Verpflichtung zur Sicherung des Verkehrs gegen Felsabstürze bereits anerkannt. Übrigens könnten sich die Passanten durch Benützung des sog. oberen Weges gegen Gefahr schützen. Die Gemeinde sei bereit, an den beiden Straßenabzweigungen durch entsprechende Aufschriften auf den gefahrlosen Weg über den Berg hinzuweisen, könne sich jedoch nicht gefallen lassen, daß sie für alle etwaigen Unfälle haftbar gemacht werde, wie dies mit der angefochtenen Regierungsentschließung versucht werde; jedenfalls könnte eine solche Haftbarmachung nur in einem eigenen instanziellen Verfahren erfolgen.

Aufgabe ist eine erschöpfende Erörterung des Falles, die sich auf alle vorstehend berührten tatsächlichen Umstände und rechtlichen Gesichtspunkte zu erstrecken hat. Die Entwerfung einer Ministerial-Entschließung ist nicht verlangt.

Aufgabe
aus der Volkswirtschaftslehre und der Sozialgesetzgebung.
1905.

Der Bauer und Floßmeister Aumüller in A. kauft alljährlich Holz an, um es auf der Isar selbst zu verflößen und nach beendetem Wassertransport zu verkaufen.

Derselbe ist jedoch nicht als Holzhändler, sondern nur als Floßmeister mit Gewerbesteuer veranlagt und hat außerdem von seinem kleinen landwirtschaftlichen Gute 16 Mark Grund- und Haussteuer zu entrichten; in das Handelsregister ist er nicht eingetragen. Sein Flößereibetrieb ist bei der Westdeutschen Binnenschiffahrts-Berufsgenossenschaft in Duisburg versichert.

Aumüller kaufte im Herbste 1903 von dem Bauern Alois Maier in M. Bäume aus dessen etwa 5 Tagwerk umfassender, im Gemeindebezirk M. gelegener Waldparzelle, um sie auf eigene Rechnung fällen zu lassen und in gewohnter Weise zu verwerten. Die Bäume wurden im Frühjahr 1904 gefällt und im folgenden Sommer forstmäßig hergerichtet. Von einem Zusammenziehen und Auflagern der zugerichteten Stämme wurde Umgang genommen, da dieselben ohnehin ziemlich nahe am Waldrande lagen und im kommenden Winter direkt von ihrem jeweiligen Platze aus über einen unmittelbar an den Wald anstoßenden Wiesenhang hinab zu einem etwa 400 m vom Walde entfernten, der Gemeinde M. gehörigen Platze in der Nähe der Isar geschleift werden sollten, von dem aus sie durch die Flößer leicht zur Isar hinabgerollt werden konnten.

Das etwa 10 Arbeitstage erfordernde Hinabschleifen der Stämme vom Walde zu dem Platze an der Isar wurde von Aumüller dem in der benachbarten Gemeinde B. wohnhaften Bauern Bruckner gegen eine feste Gesamtentlohnung von 35 Mark übertragen, wobei die Zuziehung der erforderlichen Hilfskraft dem letzteren überlassen blieb. Eine Anmeldung des Bruckner und seines Gehilfen zur Krankenversicherung ist nirgends erfolgt.

Bruckner nahm die Arbeit unter Zuziehung seines am 1. Oktober 1889 geborenen Dienstknechtes Feldner im Januar 1905 in Angriff. Letzterer erhielt für seine Hilfeleistung von seinem Dienstherrn täglich 1 Liter Bier, sonst jedoch keine besondere Entlohnung.

Am 1. Februar 1905 verunglückten beide während des Transportes eines Stammes auf dem obenbezeichneten Platze an der Isar, indem Bruckner an einer abschüssigen Stelle ausglitt und durch den Sturz sich den rechten Arm verletzte, während Feldner durch den ins Rollen gekommenen Stamm am linken Fuße erheblich verletzt wurde. Beide standen infolgedessen je 15 Wochen lang in ärztlicher Behandlung und waren während dieser Zeit erwerbsunfähig. Nach erfolgter Heilung blieb bei beiden eine dauernde Minderung der Erwerbsfähigkeit um 20 Prozent zurück.

Bruckner und sein völlig mittelloser Knecht streben nunmehr den Ersatz der entstandenen Kurkosten, die Bezahlung von Krankengeld und die Gewährung einer Unfallrente an.

Die Gemeinde B. hatte schon von vornherein jede Hilfeleistung abgelehnt, weil Bruckner als selbständiger Bauer überhaupt keinen Anspruch auf Krankenhilfe besitze, Feldner aber weder zur Krankenkasse noch sonstwie bei der Gemeinde angemeldet gewesen sei, obwohl er sich zur Zeit des Unfalls schon 14 Tage im Dienste des Bruckner befunden habe; eventuell sei die erforderliche Hilfe von der Gemeindekrankenkasse zu M., woselbst beide zur Zeit des Unfalls beschäftigt gewesen seien, oder von der Gemeindekrankenversicherung zu A., dem Sitze des Aumüller'schen Flößereibetriebes, zu leisten.

Die Verwaltungen der Gemeindekrankenkassen zu M. und A. verweigerten jedoch ebenfalls jede Zahlung, ebenso Aumüller.

Die Westdeutsche Binnenschiffahrts-Berufsgenossenschaft lehnte gleichfalls sämtliche Ansprüche der beiden Verunglückten ab mit der Begründung, daß das Zusammenziehen der zerstreut im Walde gelegenen Stämme nach dem Lagerplatze an der Isar noch einen Bestandteil des Holzfällungsbetriebes gebildet habe und auch die dem Forstbetriebe eigentümlichen Gefahren aufweise, daß der Holzfällungsbetrieb des Aumüller aber nicht bei ihr versichert sei.

Die land- und forstwirtschaftliche Berufsgenossenschaft von Oberbayern endlich wies ebenfalls alle Entschädigungsansprüche zurück, weil ein Holzfällungsbetrieb des Aumüller auch bei ihr nicht versichert sei; dem bei ihr versicherten Forstbetriebe des Waldbesitzers Maier aber könnten die von Bruckner und Feldner vorgenommenen Arbeiten nicht zugerechnet werden, da sie weder im Auftrage noch im Interesse des Maier ausgeführt worden seien; dieselben seien überhaupt nicht mehr als forstwirtschaftliche Arbeiten, sondern als zum Flößereibetriebe des Aumüller gehörig zu erachten, da sie zur Vorbereitung des Flößens gedient hätten; auf alle Fälle habe § 28 Abs. IV des Gewerbe-Unfall-Versicherungsgesetzes Anwendung zu finden, wonach die Westdeutsche Binnenschiffahrts-Berufsgenossenschaft beide Unfälle zu entschädigen habe, da ein derselben angehörender Betriebsunternehmer, Floßmeister Aumüller, den Auftrag zur kritischen Arbeit gegeben und diese entlohnt habe.

Konstatiert wird noch, daß sämtliche beteiligte Gemeinden durch statutarische Bestimmung auf Grund des § 2 Ziff. 6 des Krankenversicherungsgesetzes die Krankenversicherungspflicht auf die land- und forstwirtschaftlichen Arbeiter erstreckt weitere statutarische Bestimmungen jedoch nicht erlassen haben. Sämtliche beteiligte Gemeinden gehören zum Bezirksamtssprengel T. in Oberbayern.

Unter eingehender rechtlicher Begründung ist darzulegen, welche Ansprüche auf Krankenhilfe und Entschädigung jedem der beiden Verunglückten aus Anlaß des erlittenen Unfalls gesetzlich zustehen, gegen wen diese Ansprüche sich richten und welche Behörden zur erstinstanziellen Entscheidung über dieselben berufen sind.

I. Aufgabe

aus der Staatsfinanzwirtschaft. 1905.

Am 30. September 1905 verstarb die Privatierswitwe Anna Dolch geb. Silwein in München. In der ortspolizeilichen Todesanzeige waren als nächste Verwandte ohne nähere Angabe des Verwandtschaftsverhältnisses bezeichnet: Jakob Moß in Traunstein, Frieda Nant und Theodor Dolch in München; auch war angegeben, daß ein Testament vorhanden sein solle, dessen Aufbewahrungsort aber unbekannt sei.

Bei der Anlegung der Siegel zur Sicherung des Nachlasses fand sich in der Schublade eines Kommodkastens ein Couvert vor, welches auf der Vorderseite überschrieben war: „Letzter Wille der Privatiere Anna Dolch. München, den 2. Januar 1905“; auf der Rückseite war es mit einem, die Buchstaben K. D. aufweisenden Siegel verschlossen. Dieses Couvert wurde von dem mit der Sicherung des Nachlasses betrauten Amtsgerichtssekretär an sich genommen und an das Nachlaßgericht abgeliefert. Weiter fanden sich vor drei Hypothekenbriefe, ein Depositalschein der K. Filialbank München über hinterlegte Wertpapiere und Bargeld, welche Gegenstände bei der Hinterlegungsstelle hinterlegt wurden.

Auf den 20. Oktober 1905 wurde die Eröffnung des Testamentes der Anna Dolch vor dem Nachlaßgericht anberaumt. Zu diesem Termin wurden Jakob Moß, Frieda Nant und Theodor Dolch geladen und fanden sich ein. In Gegenwart derselben wurde das verschlossene Couvert geöffnet und daraus ein Schriftstück entnommen, welches lautete:

„Mein letzter Wille.

Ich, A. Dolch habe mich entschlossen, für meinen Todesfall über meinen Nachlaß Verfügungen zu treffen. Auf Ableben meines am 13. Juli 1902 verstorbenen Ehemannes wurde ich auf Grund des von ihm errichteten Testaments seine Universalerbin. Kinder sind aus unserer Ehe nicht hervorgegangen. Ich verfüge nun nachstehendes.

Als Erben meines gesamten Nachlasses ernenne ich den Metzgermeister Jakob Moß in Traunstein, einen Neffen meines Ehemannes. Ich lege ihm aber die Verpflichtung auf:

1. dem Eberhard Germann, Seilermeister in München, geb. am 1. Juli 1870, dem Sohne meiner verlebten Schwester Ida Silwein verehel. Germann, ein Legat von 170000 Mark,
2. der Frida Nant, geb. am 1. März 1884, einer Enkelin meiner verstorbenen Schwester Maria, ein Legat von 180000 Mark,
3. dem Theodor Dolch, Musiker in München, einem Großneffen meines seligen Ehemannes, ein Legat von 50000 Mark,
4. meiner Köchin Margaretha Becker ein Legat von 15000 Mark,
5. der hiesigen Feuerwehr ein solches von 5000 Mark,
6. dem Haus für Obdachlose den Betrag von 6000 Mark,
7. für die städtischen Suppenanstalten 9000 Mark

zu zahlen.

Weiter soll mein Erbe verpflichtet sein, mit einem Kapitalsaufwand von 50000 Mark auf den Namen meines Ehemannes Karl Dolch eine Stiftung zu begründen, deren Zinserträgnisse alljährlich zu gleichen Teilen entfernten, vorstehend nicht bedachten Verwandten von mir und meinem Manne zugewendet werden sollen.

Ich gebe mich der zuversichtlichen Erwartung hin, daß dieser mein letzter Wille gewissenhaft vollzogen werde.

A. Dolch."

Das Schriftstück war von der Erblasserin eigenhändig geschrieben und unterschrieben.

Der Nachlaßrichter machte die Erschienenen sofort darauf aufmerksam, daß das Testament rechtsungültig sei, weil es den Erfordernissen des § 2231 Nr. 2 des

BGB. nicht entspreche, nachdem der Vorname der Erblasserin nicht genau angegeben und der Unterschrift beigesetzt sei und überdies die Angabe des Ortes und Datums mangle.

Das Nachlaßgericht pflog sodann die erforderlichen Ermittelungen, welche ergaben, daß als gesetzliche Erben in Betracht kommen Frieda Nant und Eberhard Germann, deren Verwandtschaftsverhältnisse von der Erblasserin richtig angegeben waren. Hierauf wurde nach Antrag der Beteiligten folgender Erbschein ausgestellt:

„Es wird bezeugt, daß die am 30. September 1905 verstorbene Privatiere Anna Dolch von München auf Grund Gesetzes von dem Seilermeister Eberhard Germann und der Privatiere Frieda Nant beide in München, je zur Hälfte beerbt worden ist."

Der Nachlaß der Anna Dolch besteht

1. in dem Anwesen Hs.-Nr. 9 an der Z.-straße in München mit einem Schätzungswerte von 300000 Mark,
2. in Wertpapieren mit einem Kurswerte von 240000 Mark am Todestag der Erblasserin,
3. in 120000 Mark Hypothekkapitalien,
4. in einem Mobiliar im Schätzungswerte von 30000 Mark,
5. in Bargeld zu 6450 Mark und
6. in Stückzinsen (aus Wertpapieren und Hypothekkapitalien), welche sich am Todestage der Erblasserin auf 6000 Mark beliefen.

Am 10. Dezember 1905 erschienen Jakob Moß, Frieda Nant und Eberhard Germann bei dem Stadtrentamte München II und erklärten:

„Nach längeren Verhandlungen sind wir gütlich dahin übereingekommen, daß der in den gerichtlichen Nachlaßakten enthaltene „letzte Wille" der verlebten Anna Dolch, obwohl als Testament rechtlich ungültig, genau vollzogen und der Erbschaftssteuerberechnung zugrunde gelegt werde. Wir sind bereit, von dem Nachlaß, soweit er nicht auf Grund der gesetzlichen Bestimmungen steuerfrei ist, die treffende Erbschaftssteuer zu entrichten, wobei wir noch bemerken:

a) Das Anwesen Hs.-Nr. 9 an der Z.straße in München wurde durch notariellen Vertrag vom gestrigen um 300 000 Mark an eine Großbrauerei-Aktiengesellschaft verkauft, wobei der Kaufpreis sofort bar erlegt wurde;

b) die unter Ziff. 3—7 des „letzten Willens" ausgesetzten Legate sind ausweislich der hiemit zur Einsichtnahme übergebenen Bescheinigungen bereits weggefertigt;

c) auf die Krankheit und Beerdigung der Erblasserin sind 2450 Mark, auf den Grabstein 5000 Mark Kosten erwachsen, wie aus den vorgelegten Nachweisen zu entnehmen ist.

Sonstige Passiven und Schulden waren nicht vorhanden.

d) Die mildtätige Stiftung zu 50000 Mark wurde ausweislich der vorliegenden Urkunde nach der Willensmeinung der Erblasserin bereits errichtet."

Vom Stadtrentamt München II wurde hierauf konstatiert, daß von Anna Dolch wie auch von ihrem vorverstorbenen Ehemann eine Kapitalrente niemals fatiert und versteuert wurde.

Fragen:

1. Wer hat im vorliegenden Falle Erbschaftssteuer zu entrichten? Aus welchen Beträgen und nach welchen Prozentsätzen ist die Erbschaftssteuer zu berechnen?
2. Welche Staatsgebühr ist für den vom Nachlaßgericht ausgestellten Erbschein zu entrichten? Wer ist Schuldner dieser Gebühr? Welche Staatsgebühren sind aus Anlaß der Tätigkeit des Nachlaßgerichts etwa außerdem noch geschuldet?
3. Welche Abgaben sind für die Notariatsurkunde bezüglich des Verkaufes des Anwesens Hs.-Nr. 9 an der Z.straße in München zu erheben?
4. Kann wegen der Kapitalrentensteuerhinterziehung mit Strafe vorgegangen werden? Kann die Staatskasse für den

Entgang der Kapitalrentensteuer schadlos gehalten werden? Auf wie lange zurück kann die Kapitalrentensteuer eventuell nachgefordert werden?

5. Welche Rechtsmittel können gegen den rentamtlichen Beschluß über die Festsetzung der Erbschaftssteuer, eventuell gegen den rentamtlichen Strafbescheid wegen Kapitalrentensteuerhinterziehung bezw. den Beschluß über Steuernachholung eingelegt werden und von wem wären diese Rechtsmittel zu verbescheiden?

Die getroffenen Entscheidungen sind unter Allegation der einschlägigen gesetzlichen Bestimmungen kurz zu begründen.

II. Aufgabe

aus der Staatsfinanzwirtschaft. 1905.

1. Was versteht man in Bayern unter pragmatischen Staatsbeamten, was unter nichtpragmatischen Staatsbeamten und Staatsbediensteten, was unter provisorischer und definitiver Anstellung?

Welche Rechte gewährt die eine und die andere Anstellung hinsichtlich der Gehaltsbezüge?

2. Unter welchen gesetzlichen und verordnungsmäßigen Voraussetzungen unterliegen die Gehaltsbezüge ganz oder teilweise dem Einzuge?

3. Welche gesetz- und verordnungsmäßigen Ansprüche an die Staatskasse stehen den bayerischen Staatsbeamten und Staatsbediensteten in den verschiedenen Fällen der Beendigung des Dienstverhältnisses zu?

Unter welchen Voraussetzungen gehen die bereits angewiesenen Pensionsbezüge wieder verloren?

4. Welche gesetz- und verordnungsmäßigen Ansprüche gegen die Staatskasse stehen beim Ableben bayerischer

Staatsbeamten und Staatsbediensteten ihren Hinterbliebenen zu, wenn der Tod

a) während der Dienstesaktivität,

b) nach der Ruhestandsversetzung

eintritt?

Welche hauptsächlichsten Unterschiede bestehen hiebei zwischen den Pensionsansprüchen der Hinterbliebenen der pragmatischen und der nichtpragmatischen Beamten und Bediensteten?

5. Nach welchem System erfolgt die Berechnung der Pensionen für die Reichsbeamten?

Welches der drei vorerwähnten Systeme der Pensionsberechnung — nämlich

a) für die pragmatischen Beamten,

b) für die nichtpragmatischen Beamten und Bediensteten und

c) für die Reichsbeamten —

verdient den Vorzug und aus welchen Gründen?

Praktischer Fall

aus dem Gebiete der inneren Verwaltung. 1905.

I.

Gelegentlich der im Jahre 1899 vorgenommenen Schulprüfung in Westheim überzeugte sich der Vorstand des K. Bezirksamtes X., daß das Schulhaus daselbst vollständig durchfeuchtet und baufällig sei, und er nahm daraus Veranlassung, die Erbauung eines neuen Schulhauses einzuleiten.

Beim Studium der Akten fand sich folgendes vor:

Der Schulsprengel ist nach dem vorliegenden amtlichen Verzeichnisse aus folgenden Teilen gebildet:

a) der politischen Gemeinde Westheim,

b) der Ortschaft Ried, Gemeinde Röthenbach,

c) der Ortschaft Heuberg, Gemeinde Röthenbach,
d) der Einöde Haslmühle, Gemeinde Zell.

Die beteiligten Gemeinden gehören sämtlich zum K. Bezirksamte X., rechtsrheinischen Regierungsbezirks Y.

Das Schulhaus ist im Grundsteuerkataster als „Eigentum der Schulstiftung Westheim“ vorgetragen. Seine Entstehung fällt in das Jahr 1806. Schon damals war der Schulsprengel aus denselben Bestandteilen gebildet und fiel mit dem Sprengel der katholischen Pfarrei Westheim zusammen. Als Schulzimmer hatte bis dahin ein Zimmer im Mesnerhause zu Westheim gedient. Der Mesner hielt auch die Schule. Als das Schulzimmer jedoch zu klein wurde, errichtete man durch Adaptierung eines Bauernhauses ein eigenes Schulhaus mit Lehrerwohnung und stellte auch einen eigenen Lehrer auf.

Die Verhandlungen wurden von dem vormaligen Landgerichte X. protokollarisch geführt. Im Protokolle vom 20. März 1806 ist über die Aufbringung der Kosten folgendes vorgetragen:

„Die ordnungsgemäß bevollmächtigten Vertreter der Ortschaften Ried und Heuberg erklären sich bereit, aus ihrer gemeinschaftlichen Waldung das zum Umbau benötigte Bauholz unentgeltlich zu liefern und beizufahren, verlangen jedoch, daß sie dagegen für den gegenwärtigen Baufall von jedem weiteren Beitrag sowie von den Hand- und Spanndiensten vollständig frei bleiben und bei künftigen Baufällen jeder Art am Schulhause nur mit je einem Zehntel des Gesamtbauaufwandes herangezogen werden sollen.“

Dieses Anerbieten wurde, wie es im Protokolle heißt, „von den ordnungsgemäß bevollmächtigten Vertretern der Gemeinde Westheim gerne angenommen, insbesondere auch die für die Zukunft ausbedungene Vergünstigung anerkannt, da der Wert des Bauholzes wesentlich höher sei, als der nach dem Verhältnisse der

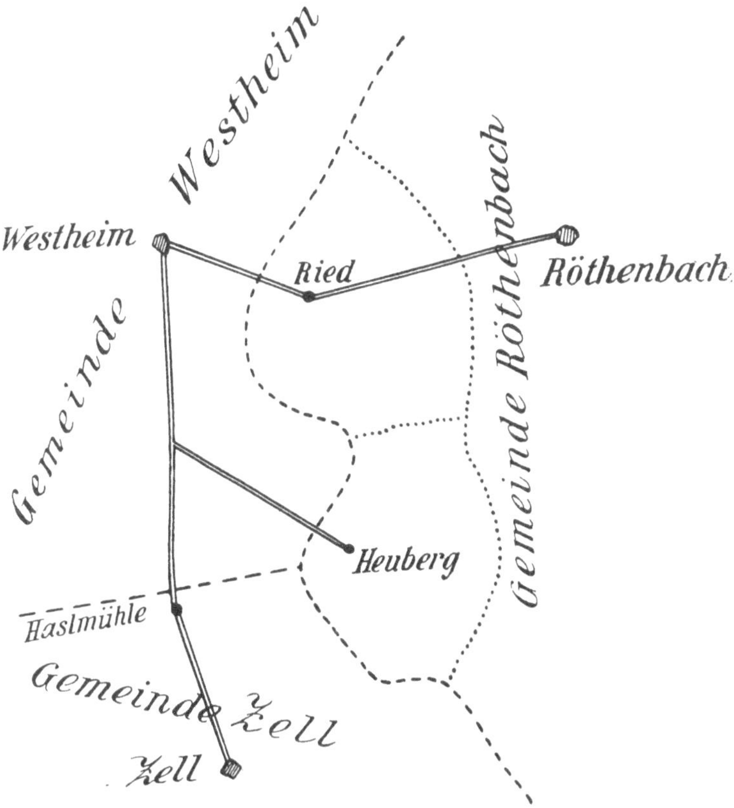
Westheim
Westheim
Ried
Röthenbach
Gemeinde
Gemeinde Röthenbach
Heuberg
Haslmühle
Gemeinde Zell
Zell

Schülerzahl auf die beiden Ortschaften treffende Anteil an den Baukosten."

Die Verhandlungen wurden hierauf von dem Landgerichte X. der vormaligen oberpfälzischen Landesdirektion in Amberg gutachtlich vorgelegt, welche mit Dekret vom 15. April 1806 die Aufstellung eines eigenen Lehrers und die Errichtung eines neuen Schulhauses in Westheim genehmigte und dabei verfügte, „daß bei der künftigen baulichen Unterhaltung des Schulhauses nach Maßgabe der Vereinbarung vom 20. März 1806 die Ortschaften Ried und Heuberg nur je den zehnten Teil des Baubedarfs beizutragen haben."

Das Landgericht übermittelte das Dekret der Gemeinde Westheim zum weiteren Vollzuge. Nach der Baurechnung wurden die sämtlichen Baukosten abzüglich des unentgeltlich von den Ortschaften Ried und Heuberg gelieferten Bauholzes von der Gemeinde Westheim geleistet. Der Besitzer der Haslmühle war, nachdem in den Akten konstatiert war, daß die Haslmühle nur ein Einzelgehöft ohne besondere Ortsflur sei, und daß damals schulpflichtige Kinder in der Haslmühle nicht vorhanden waren, weder zu den Verhandlungen noch zu den Baukosten beigezogen worden.

Gelegentlich der Herstellung des Kultusbaukatasters wurde beim Landgerichte X. am 10. März 1855 Verhandlung mit der Kirchenverwaltung und Gemeindeverwaltung Westheim gepflogen. Dabei wurde von der Kirchenverwaltung die ausschließliche Baupflicht der Kirchenstiftung am Mesnerhause anerkannt, wogegen — wie es im Protokolle vom 10. März 1855 heißt — die Gemeindeverwaltung Westheim anerkannte, „daß die ausschließliche Baupflicht am Schulhause der Schulgemeinde Westheim obliege, und zwar nach Maßgabe des Dekrets der vormaligen oberpfälzischen Landesdirektion vom 15. April 1806 in der Weise, daß die Ortschaften Ried und Heuberg nur mit je einem Zehntel des Baubedarfes konkurrieren, während acht Zehntel des Baubedarfes die Gemeinde Westheim zu bestreiten hat."

Im Jahre 1864 ergab sich beim Schulhause in Westheim die Notwendigkeit einer Vergrößerung des Schulzimmers, wofür ein Aufwand von 500 fl. erwuchs. Ueber die Verteilung desselben kam es zum Streit. Während die Schulsprengelvertretung die Verteilung auf die einzelnen Schulsprengelbestandteile nach dem Steuersoll (Art. 7 des Schulbedarfgesetzes vom 10. November 1861) vornahm, weigerten sich die beiden Ortschaften Ried und Heuberg entschieden, nach diesem Verhältnisse zu konkurrieren. Sie beriefen sich auf das Dekret der vormaligen oberpfälzischen Landesdirektion in Amberg vom Jahre 1806 und die demselben zu Grunde liegende Vereinbarung. — Der Besitzer der Haslmühle dagegen berief sich darauf, daß er noch niemals zu Baukosten am Schulhause beigezogen worden sei, so daß das Herkommen für ihn spreche.

Das K. Bezirksamt X. sprach nach Einvernahme sämtlicher Beteiligter mit Beschluß vom 10. August 1864 im Entscheidungssatze aus:

Von den Kosten der Schulzimmererweiterung mit 500 fl. habe die Ortschaft Ried und die Ortschaft Heuberg je 50 fl. zu tragen; der Restbedarf von 400 fl. sei von der Gemeinde Westheim und dem Besitzer der Haslmühle nach dem Verhältnisse der Grund-, Haus- und Gewerbesteuer zu decken. In der Begründung ist ausgeführt, daß die in dem Dekret der vormaligen oberpfälzischen Landesdirektion vom 15. April 1806 organisationsmäßig getroffene Anordnung über die Baupflicht auch jetzt noch maßgebend sei. Das Schulbedarfgesetz vom 10. November 1861 habe den Fortbestand der durch spezielle Rechtstitel geregelten Baupflicht keineswegs aufgehoben, vielmehr in Art. 1 ausdrücklich aufrecht erhalten. Die in Art. 9 Abs. 1 dieses Gesetzes ausgesprochene Aufhebung der mit dem Gesetze in Widerspruch stehenden Bestimmungen beziehe sich nur auf generelle Anordnungen. Ueberdies sei die Baupflicht nach Maßgabe des Dekrets von 1806 noch ausdrücklich gelegentlich der Verhandlungen über die Kultusbaupflicht vom Jahre 1855 anerkannt worden. Ein Herkommen für die Befreiung der Haslmühle von der Baupflicht habe sich nicht bilden können, da seit 1806 ein Baufall nicht vorgekommen sei.

Auf Beschwerde der Gemeindeverwaltung Westheim wurde der bezirksamtliche Beschluß durch Entschließung der K. Regierung von Y., Kammer des Innern, vom 1. Oktober 1864 unter Billigung der beigefügten Entscheidungsgründe bestätigt.

Der Regierungsbescheid wurde der Schulsprengelvertretung sowie den Vertretern der einzelnen Sprengelteile ordnungsgemäß zugestellt, worauf die endgültige Verteilung der Kosten nach Maßgabe des bezirksamtlichen Beschlusses sowie die Bauausführung erfolgte. —

Weitere Baufälle oder einschlägige Verhandlungen über die Baupflichtsverhältnisse am Schulhause waren seitdem nicht mehr vorgekommen.

II.

Gegenüber den Anforderungen des Bezirksamtes X., welches nunmehr den völligen Neubau eines Schulhauses verlangte, verhielt sich die Schulsprengelvertretung Westheim anfangs ablehnend, indem sie die ungünstige finanzielle Lage der Schulsprengelteile betonte und hervorhob, daß man statt eines Neubaues das alte Schulhaus mit geringeren Kosten reparieren könne.

Die K. Regierung, Kammer des Innern, ordnete indessen nach Einholung technischer Gutachten, welche übereinstimmend sich dahin aussprachen, daß wegen der vollständigen Durchfeuchtung des Mauerwerks am alten Schulhause eine Reparatur desselben aus sanitären Gründen unmöglich sei, mit Entschließung vom

10. Oktober 1899 die Herstellung eines Neubaues an und stellte zugleich einen angemessenen Kreisfondszuschuß in Aussicht.

Darauf gab die Schulsprengelvertretung Westheim den Widerstand auf und beschloß unterm 30. Oktober 1899, ein Projekt über den Schulhausneubau durch den Bezirksbaumeister ausarbeiten zu lassen. Bei der Beschlußfassung waren die Vertreter der sämtlichen eingeschulten Orte geladen und erschienen. Die Vertreter der Ortschaft Ried verweigerten ihre Zustimmung und Unterschrift, weil die Mehrheit der Schulsprengelvertretung den Baubedarf nach der Gesamtsteuer verteilen wollte, während die Ortschaft Ried darauf bestand, daß sie nur den zehnten Teil des Bauaufwandes zu leisten hätte. Die Vertreter der Ortschaft Heuberg erklärten, sie hätten, nachdem ihr Steuersoll erheblich gesunken sei und nicht mehr ein Zehntel der Gesamtsteuer der Schulgemeinde betrage, kein Interesse mehr daran, das Uebereinkommen vom Jahre 1806 noch weiter aufrecht zu erhalten, sie seien deshalb nunmehr für die Verteilung der Kosten nach der Gesamtsteuer. Der Besitzer der Haslmühle erklärte, er müsse sich weigern, zu den Kosten des Schulhausneubaues beizutragen. Er gehöre überhaupt bereits seit dem Jahre 1868 nicht mehr zum Schulsprengel, die Haslmühle sei damals nach Zell ausgepfarrt und ausgeschult worden. Er beziehe sich auf die einschlägigen Akten.

Die Widersprechenden verblieben jedoch in der Minderheit. Das Projekt wurde von dem Bezirksbaumeister ausgearbeitet und entzifferte einen Kostenbedarf von 27000 Mark. Mit Entschließung der K. Regierung von Y., Kammer des Innern, vom 5. August 1900 wurde dasselbe schulaufsichtlich genehmigt.

Die Schulsprengelvertretung Westheim stellte nun zunächst das nach Art. 7 des Schulbedarfgesetzes vom 10. November 1861 in Betracht kommende Gesamtsteuersoll fest, welches für die Ortschaft Westheim 3900 Mark, für die Ortschaft Ried 1000 Mark, für die Ortschaft Heuberg 500 Mark, für die Haslmühle 100 Mark — Sa. 5500 Mark — betrug, und verteilte mit Beschluß vom 30. Januar 1901 den Gesamtbedarf — abzüglich des Kreisfonds-zuschusses von 5000 Mark — auf die Sprengelteile wie folgt:

Gemeinde Westheim . .	15600	Mark
Ortschaft Ried	4000	„
Ortschaft Heuberg . .	2000	„
Haslmühle	400	„
	Sa. 22000	Mark.

Die Ortschaft Heuberg bezahlte den Betrag von 2000 Mark am 10. Februar 1901 an die Schulkasse Westheim und verwendete hiezu einen bereits seit längerer Zeit zu diesem Zwecke gesammelten Fonds. Dagegen verweigerten die Ortschaft Ried und der Besitzer der Haslmühle unterm 5. Februar 1901 aus den früher geltend gemachten Gründen jede Zahlung.

Die Schulsprengelvertretung Westheim legte ihre Proteste dem Bezirksamte X. vor und erklärte zugleich, daß, nachdem der Neubau wegen Baufälligkeit des alten Gebäudes nicht mehr länger aufgeschoben werden könne, die Gemeinde Westheim auf Grund Gemeindeversammlungsbeschlusses nunmehr vorbehaltlich ihrer Rechte gegen die widerstrebenden Sprengelteile den Bau ausführen werde. — Alsbald übergab auch die Gemeindeverwaltung Westheim den Bau in Akkord und machte die Baukosten, soweit sie nicht durch den Kreisfondszuschuß und den Beitrag der Ortschaft Heuberg gedeckt waren, nämlich 20000 Mark, durch Aufnahme eines Bankannuitätenkapitals flüssig. Die Verzinsung und Tilgung der Bauschuld wurde durch einen Schuldentilgungsplan in der Weise geregelt, daß vom 1. Januar 1902 ab bis einschließlich 1921 eine je am Schlusse des Jahres fällige

Annuität von 1500 Mark zu bezahlen war. — Das K. Bezirksamt X. erteilte zur Anlehensaufnahme die staatsaufsichtliche Genehmigung.

Die Gemeindeverwaltung Westheim führte nun den Schulhausneubau in den Jahren 1901 und 1902 durch, deckte die Baukosten aus dem Anlehen sowie aus dem Kreisfondszuschuß und dem Beitrag von Heuberg und bezahlte die im Jahre 1902 und 1903 fälligen Annuitäten von je 1500 Mark aus der Gemeindekasse von Westheim. Da sie aber schließlich sich doch beschwert erachtete, stellte sie am 15. Januar 1904 beim K. Bezirksamte X. unter Bezugnahme auf den früheren Vorbehalt den Antrag, die Ortschaft Ried und den Besitzer der Haslmühle zum Rückersatz der auf sie nach der Steuer treffenden Anteile an den Annuitäten für 1902 und 1903 zu verhalten.

III.

Das Bezirksamt X. veranlaßte nun die Aufstellung eines Vertreters für die Ortschaft Ried. Dieser — Rechtsanwalt Dr. Streiter von X. — gab am 10. Februar 1904 folgende Erklärung ab:

Vor allem müsse er bestreiten, daß das K. Bezirksamt zur Verbescheidung des Streites zuständig sei. Es handle sich nicht um einen Streit über eine Aufwandsverteilung im Sinne des Art. 7 des Schulbedarfgesetzes vom 10. November 1861 sondern um einen Ersatzanspruch, welchen die Gemeinde Westheim aus dem Gesichtspunkte der negotiorum gestio erhebe. Die „Geschäftsführung ohne Auftrag" sei ein Institut des Zivilrechts und im bürgerlichen Gesetzbuch § 677 ff. geregelt. Die Beurteilung von Ersatzansprüchen hieraus müsse den Gerichten überlassen werden. Nur vorsorglich und nachdem der Streit doch einmal beim K. Bezirksamte anhängig sei, wolle er auch zur Sache selbst folgende Erklärung abgeben:

1. Zunächst müsse die Notwendigkeit des Neubaues bestritten werden. Es hätte mit dem dritten Teil der Kosten eine sachgemäße Reparatur des Hauses durchgeführt werden können. Ein Zwang zur Beitragsleistung setze voraus, daß die Notwendigkeit des Neubaues entweder anerkannt oder im Streitverfahren rechtskräftig dargetan sei.

2. Aber auch wenn man die Notwendigkeit eines Neubaues annehmen wollte, so sei die Ortschaft Ried jedenfalls nicht verpflichtet, mehr zu leisten als ein Zehntel des Baubedarfes. Die Ortschaft Ried sei nicht gewillt, auf ihr Recht zu verzichten.

3. Dieses Recht sei der Ortschaft zugesprochen durch rechtskräftigen Bescheid des K. Bezirksamtes X. vom 10. August 1864 bzw. der K. Regierung von Y., K. d. Innern, vom 1. Oktober 1864. Die Entscheidung sei in derselben Sache zwischen denselben Parteien getroffen und habe daher zweifellos hier Geltung. Die Ortschaft Ried verwahre sich dagegen, ihr Recht wiederholt erstreiten zu müssen, und wolle nur vorsorglich über dasselbe noch folgendes bemerken:

4. Das Recht beruhe zunächst auf dem Vertrag vom 20. März 1806, sohin auf einem Privatrechtstitel, wie solche in Art. 1 des Schulbedarfgesetzes vom 10. Nov. 1861 ausdrücklich vorbehalten seien. Die Verwaltungsbehörde könne nach den bestehenden Zuständigkeitsnormen über den Vertrag selbst überhaupt nicht entscheiden, sondern müsse denselben entweder — worum gebeten werde — anerkennen oder die Entscheidung an die Gerichte verweisen.

5. Der Inhalt des Vertrages sei aber auch öffentlichrechtlich anerkannt, und zwar durch das Dekret der vormaligen oberpfälzischen Landesdirektion in Amberg v. 15. April 1806. Dieses Dekret sei von der Landesdirektion in ihrer Zuständigkeit als Schulaufsichtsstelle erlassen worden und habe als organisatorische

Maßnahme naturgemäß auch für die Zukunft Geltung. Es habe damals ebenso wenig wie jetzt ein Hindernis bestanden, daß ein Sprengelteil mehr, der andere weniger Verpflichtungen übernehme. Derartige spezielle Rechtstitel seien auch durch das Schulbedarfgesetz vom 10. November 1861 nicht aufgehoben; denn Art. 9, Abs. 1 dieses Gesetzes beziehe sich nur auf generelle Bestimmungen, wogegen spezielle Verpflichtungen in Art. 1 desselben und ebenso in Art. 1 des Schulbedarfgesetzes vom 28. Juli 1902 ausdrücklich aufrecht erhalten worden seien.

6. Neuerdings liege eine Anerkenntnis des Vertrages vom 20. März 1806 vor in der Protokollarerklärung vom 10. März 1855 gelegentlich Herstellung des Kultusbaupflichtkatasters.

7. Endlich sei die Ortschaft Ried in der Lage, sich auf ein nahezu hundertjähriges Herkommen zu berufen, da sie nachweislich seit 1806 noch niemals zur Baukonkurrenz nach dem Steuermaßstabe herangezogen worden sei.

8. Aus dem Protokolle vom 20. März 1806 ergebe sich auch, daß die Ortschaft Ried seinerzeit den Gegenwert für ihr Recht geleistet habe, indem sie zum Schulhausbau das Bauholz abgab, welches im Werte wesentlich über das Maß ihrer damaligen Verpflichtung hinausging.

Er beantrage in erster Linie:

K. Bezirksamt wolle den Rückersatzanspruch wegen Unzuständigkeit der Verwaltungsbehörden zurückweisen.

Vorsorglich stelle er zur Sache selbst den Antrag:

auszusprechen, daß die Ortschaft Ried nur mit ein Zehntel des ungedeckten Bedarfes herangezogen werde.

Falls hierauf nicht eingegangen würde, wolle wenigstens ausgesprochen werden:

daß der Ortschaft Ried die Geltendmachung ihrer Rechte aus dem Vertrag von 1806 auf dem Privatrechtswege vorbehalten werde.

Die Kosten des Verfahrens einschließlich der anwaltschaftlichen Vertretung habe die Gemeinde Westheim zu tragen.

Der Besitzer der Haslmühle Georg Horlamus erklärte am 28. Febr. 1904: er wolle nicht bestreiten, daß die Haslmühle früher seit unfürdenklicher Zeit zur Schule Westheim gehört habe. Allein das habe sich seit dem Jahre 1868 geändert. Wie die Akten ergeben müßten, sei die Haslmühle damals aus der Pfarrei Westheim ausgepfarrt und in die Pfarrei Zell eingepfarrt worden. Gleichzeitig habe die Umschulung dahin stattgefunden. Seit dieser Zeit besuchten auch tatsächlich die Kinder von der Haslmühle die Schule in Zell und bezahlten dahin das Schulgeld. Wohin er Schulumlagen zahle, könne er nicht sagen; denn er besitze in beiden Gemeinden Grundstücke und bezahle in beiden Gemeinden Umlagen. Wo die Schulumlagen beigerechnet seien, wisse er nicht.

IV.

Das K. Bezirksamt X. erholte noch die von ꝛc. Horlamus erwähnten Akten und entnahm aus denselben folgendes:

Die älteren Fassionen und Statistiken lassen ersehen, daß zweifellos schon im 18. Jahrhundert die Haslmühle nach Westheim eingepfarrt und eingeschult war. Dieses Verhältnis blieb unverändert bis zum Jahre 1868. Damals übernahm Adam Horlamus die Mühle und beantragte alsbald, da er bei seiner zahlreichen Familie den Schul- und Kirchenweg nach Westheim für zu beschwerlich fand, die „Umpfarrung und Umschulung nach Zell“. Das Gesuch wurde vom Bezirksamte nach Maßgabe der Ministerialentschließung vom 13. Juli 1811, die Behandlung der katholischen Pfarrdismembrationsgegenstände betreffend instruiert, wobei auch im Hinblick auf Ziffer 4 dieser Entschließung erhoben wurde, daß die Kinder der Haslmühle bisher die Schule in Westheim besuchten, daß jedoch die Schule in Zell für ihren Besuch am bequemsten gelegen sei. Auch wurden die in Ziffer 6 der Ministerialentschließung vom 13. Juli 1811 angeordneten Durchschnittsberechnungen der Erträgnisse für den Schullehrer aus der Haslmühle mit vorgelegt. Die beteiligten Gemeinden hatten keine Erinnerung geltend gemacht. Im Vorlagebericht begutachtete die K. Kreisregierung „das Auspfarrungsgesuch" des ꝛc. Horlamus zur Genehmigung. Mit Entschließung vom 10. November 1868 verfügte das K. Staatsministerium des Innern für Kirchen- und Schulangelegenheiten, „daß die Einöde Haslmühle aus der katholischen Pfarrei Westheim ausgepfarrt und in die katholische Pfarrei Zell eingepfarrt werde", und übermittelte die Akten der K. Kreisregierung zur weiteren Verfügung, von wo dieselben kurzhändig dem Bezirksamte X. zum Vollzuge zugestellt wurden. Weder die Regierungs- noch die bezirksamtlichen Akten lassen ersehen, daß bezüglich der Umschulung eine spezielle Verfügung ergangen wäre. Nur liegt in den bezirksamtlichen Akten eine Anzeige der K. Lokalschulinspektion Zell dd. 1. Dezember 1868 vor, wonach sich dieselbe mit der K. Lokalschulinspektion in Westheim geeinigt habe, daß im weiteren Vollzuge der Umpfarrung der Haslmühle diese von jetzt ab auch zur Schule Zell zu rechnen sei. Die Anzeige war vom Bezirkamte lediglich der K. Distriktsschulinspektion zur Kenntnisnahme übermittelt worden.

Konstatiert wurde sodann noch, daß seitdem die jeweils in Haslmühle vorhandenen Kinder die Schule in Zell besuchten und dahin auch das Schulgeld entrichteten. Schulumlagen waren jedoch von dem Besitzer der Haslmühle, wie die Heberegister ergaben, auch nach dem Jahre 1868 bis in die neueste Zeit nur zur Schulkasse Westheim bezahlt worden.

Mit Rücksicht auf das Vorbringen des rc. Horlamus vernahm das K. Bezirksamt X. noch die verstärkte Gemeindeverwaltung Zell. Diese erklärte am 15. März 1904, sie müsse mit Entschiedenheit die Haslmühle als zum Schulsprengel Zell gehörig in Anspruch nehmen. Von jeher sei an dem Grundsatze festgehalten worden, daß die Schulgemeinde mit der Pfarrgemeinde zusammenfalle. Auch bei den Pfarreien Zell und Westheim habe dies von jeher gegolten. Es entspreche das einem Rechtsgrundsatze, der schon seit dem westfälischen Frieden allgemeine Gültigkeit habe. Wenn auch im Auspfarrungsdekrete selbst — offenbar aus Versehen, denn die Ausschulung war beantragt — von der Ausschulung nichts speziell erwähnt sei, so sei die angesichts der damals gültigen Verordnung vom 22. Januar 1815, allgemeine Bestimmung der Schulsprengelverhältnisse betr. — Reg.-Bl. S. 73; Weber, G.- u. V.-S. Bd. I S. 465 —, wonach der Schulsprengel sich nach dem Pfarrsprengel richte, keineswegs notwendig gewesen. Überdies habe die förmliche Ueberweisung durch die beiden zuständigen K. Lokalschulinspektionen nachträglich stattgefunden und bestehe nunmehr seit mehr als 30 Jahren zu Recht. Die Nichtheranziehung zur Schulumlage sei auf ein bedauerliches Versehen der Schulkassaverwaltung zurückzuführen. Letztere werde ihre Ansprüche gegen rc. Horlamus bezw. die Schulkasse Westheim nunmehr ungesäumt geltend machen. Es werde um Entscheidung im Sinne des Antrags des rc. Horlamus gebeten.

V.

Im Hinblick auf das neue Schulbedarfgesetz vom 28. Juli 1902 glaubte das K. Bezirksamt X. Veranlassung nehmen zu sollen, auch noch die Gemeindeverwaltungen Röthenbach und Zell zur Sache einzuvernehmen.

Die Gemeindeverwaltung Röthenbach erklärte unterm 1. April 1904, daß sie sich in keiner Weise an der Sache beteiligt erachte, denn sie sei bisher noch niemals mit der Frage der Unterhaltung des Schulhauses in Westheim in Berührung gekommen. Ob dies nach dem neuen Gesetze künftig der Fall sein werde, könne dahingestellt bleiben; jedenfalls könne das neue Gesetz, welches sich eine rückwirkende Kraft nicht beigelegt habe, nicht auf das vorliegende Streitverhältnis angewendet werden; denn der Neubau sei schon vor dem Inkrafttreten des neuen Gesetzes beschlossen und ausgeführt worden. Es handle sich also zweifellos um einen vor dem 1. Januar 1903 entstandenen Bedarf, dessen Deckung nach Art. 7 des Schulbedarfgesetzes vom 10. Nov. 1861 erfolgen müsse.

Die Gemeindeverwaltung Zell erklärte unterm 15. April 1904, daß sie primär darauf hinweisen müsse, daß die Zugehörigkeit der Haslmühle zum Schulverbande Westheim nicht feststehe, vielmehr von der verst. Gemeindeverwaltung Zell bestritten worden sei. Im übrigen könne sie sich nur den Ausführungen der Gemeindeverwaltung Röthenbach anschließen. —

Unterm 15. Mai 1904 reichte die Orts-Versammlung Heuberg beim Bezirksamte X. eine Eingabe folgenden Inhalts ein:

Aus der Hereinziehung der Gemeinde Röthenbach in den Streit müsse sie entnehmen, daß auf Grund des neuen Schulbedarfgesetzes in Erwägung gezogen werde, ob nicht die Gemeinde Röthenbach für die Beiträge der Ortschaft Ried zum Schulhausneubau in Westheim einzutreten habe. Unmöglich könne Ried anders behandelt werden als Heuberg, denn für beide Ortschaften liegen dieselben Verhältnisse vor. Heuberg habe allerdings bereits im Jahre 1901 seinen Beitrag an die Schulkasse Westheim eingezahlt; nachdem jedoch die übrigen Sprengelteile diesem Beispiel nicht gefolgt seien und nun Streit bestehe, inzwischen auch ein neues Gesetz in Kraft getreten sei, wolle man durch die voreilige Zahlung keinerlei Recht sich vergeben, erkläre vielmehr dieselbe ausdrücklich für null und nichtig und beantrage beim K. Bezirksamte X., die Rückzahlung des Beitrags von 2000 Mark an die Ortschaft Heuberg zu verfügen und in der Sache selbst nach Maßgabe des Gesetzes zu entscheiden. Würde der Betrag von 2000 Mark nicht zurückvergütet, so müßte Heuberg, wenn die Gemeinde Röthenbach für die Ortschaft Ried eintreten müßte, doppelt zahlen, da sie zu den gemeindlichen Leistungen mit ihrem Steuersoll beitragen müsse. Das wäre eine offenbare Ungerechtigkeit, die sicher der Gesetzgeber nicht gewollt habe.

VI.

Die Gemeindeverwaltung Westheim gab am 10. Juni 1904 nach Bekanntgabe des Aktenmaterials folgende Schlußerklärung ab:

Sie sei infolge der ablehnenden Haltung der Ortschaft Ried und des Mühlbesitzers Horlamus gezwungen gewesen, die Kosten für den Schulhausbau — soweit sie nicht durch den Kreisfondszuschuß und den Beitrag von Heuberg gedeckt seien — vorläufig allein aufzubringen. Es müsse ihr daher ein Anspruch auf Rückersatz gegen die gesetzlich Mitverpflichteten zustehen. Das Maß der Verpflichtung der letzteren beurteile sich, wie durch die Schulsprengelvertretung in ihrem Beschlusse vom 30. Jan. 1901 vollständig korrekt festgestellt sei, lediglich nach dem Gesamtsteuersoll.

Durch die Anlehensaufnahme habe die Gemeinde Westheim auch die Baukosten für Ried und Haslmühle mitaufgebracht, insbesondere die nach dem Steuerverhältnis auf diese Sprengelteile treffenden Anteile an den bereits bezahlten Annuitäten für 1902 und 1903. Die Anlehensaufnahme sei schon aus zivilrechtlichen Gründen nicht mehr rückgängig zu machen. Dagegen müsse die Gemeinde Westheim berechtigt sein, für ihre Aufwendungen auf Verzinsung und Tilgung nach dem Steuerverhältnisse entsprechenden Ersatz zu verlangen. Sie bleibe daher auf ihrem Antrage vom 15. Januar 1904 stehen. Ob die Gemeinden Röthenbach und Zell mit zur Beitragsleistung heranzuziehen seien, müsse sie der Beurteilung des K. Bezirksamtes überlassen. Den Antrag der Ortschaft Heuberg auf Rückerstattung des von Heuberg eingezahlten Beitrags halte sie für völlig unbegründet und undurchführbar, da dieses Geld längst verbaut sei. Sie beantrage dessen Abweisung.

Die verstärkte Gemeindeverwaltung Westheim schloß sich unterm 30. Juni 1904 durch Mehrheitsbeschluß dem Vorbringen der Gemeindeverwaltung Westheim an und bemerkte nur noch, daß sie insbesondere auch nicht anerkennen könne, daß die Haslmühle rechtlich zur Schule Zell gehöre, und deshalb beantrage, zu erkennen, daß dieselbe zum Schulverbande Westheim gehöre.

VII.

Schließlich stellte das K. Bezirksamt X noch fest, daß das maßgebende Steuersoll für die einzelnen Sprengelteile, wie es von der Schulsprengelvertretung Westheim im Jahre 1901 festgestellt war, auch in den beiden folgenden Jahren sich nicht verändert hatte, während es für das Jahr 1904 noch nicht feststand.

Aufgabe ist es, den der Aktenlage entsprechenden Beschluß des K. Bezirksamtes X. zu entwerfen und erschöpfend zu begründen. Die Ausarbeitung eines Sachverhaltes ist erlassen, als solcher gilt die vorstehende Darstellung.

Maenner, K., Reichsgerichtsrat in Leipzig.

Das Sachenrecht des BGB. und der GBO. **2. Auflage** von „Recht der Grundstücke". 8° (ca. 450 S.) 1906. Preis ca. Mk. **12.—.**

Diese systematische Darstellung des gesamten Sachenrechts erfreute sich in ihrer ersten Auflage unter dem Titel „Das Recht der Grundstücke" großer Beliebtheit. Vermehrt und ergänzt wird sie von neuem den Beifall der Praktiker finden.

Meikel, Gg., Kgl. II. Staatsanwalt in München.

Kommentar zur Grundbuchordnung für das Deutsche Reich mit besonderer Berücksichtigung Bayerns. gr. 8°. ca. 30 Bogen. 1906. Preis etwa Mk. **10.—.**

Steiner, A., Kgl. Amtsrichter in München.

Kommentar zum Reichsgesetz über die Zwangsversteigerung u. Zwangsverwaltung nebst Einführungsgesetz mit besonderer Berücksichtigung Bayerns. gr. 8°. (449 Seiten.) 1905. In Ganzl. geb. Mk. **9.60.**

Schwab, Siegfried, Amtsrichter in Schwabach.

Grundriß des materiellen Liegenschaftsrechts des BGB. Unter Berücksichtigung der bayerischen Ausführungs- und Uebergangsvorschriften. 8°. (88 S.) 1905. In Ganzl. geb. Mk. **2.80.**

Dispeker, Dr. S., Rechtsanwalt in München.

Die Praxis der Zwangsversteigerung und der Zwangsverwaltung. Ein Handbuch des Verfahrens bei der Zwangsversteigerung und der Zwangsverwaltung nach dem Reichsges. v. 24. III. 1897. gr. 8°. (VI, 110 Seiten.) 1905. Preis in Ganzl. geb. Mk. **3.60.**

Keidel, Fr., K. Landgerichtsrat in München.

Handbuch des Verfahrens der Gerichte in Angelegenheiten der freiwilligen Gerichtsbarkeit für Bayern ausschließlich der Registersachen, der Fideikommißangelegenheiten und der standesherrlichen Vormundschaftssachen. gr. 8°. (XII, 403 S.) 1903. In Ganzleinen geb. Mk. **7.20.**